AF567768

DIE WELT VON
PETER HASE™
Auf Entdeckungsreise durch die NATUR

Aus Verantwortung für die Umwelt hat sich der Fischer Kinder- und Jugendbuch Verlag zu einer nachhaltigen Buchproduktion verpflichtet. Der bewusste Umgang mit unseren Ressourcen, der Schutz unseres Klimas und der Natur gehören zu unseren obersten Unternehmenszielen.

Gemeinsam mit unseren Partnern und Lieferanten setzen wir uns für eine klimaneutrale Buchproduktion ein, die den Erwerb von Klimazertifikaten zur Kompensation des CO_2-Ausstoßes einschließt.

Weitere Informationen finden Sie unter: www.klimaneutralerverlag.de

FSC
www.fsc.org
MIX
Paper from responsible sources
FSC® C018179

Die englische Originalausgabe erschien 2022 unter dem Titel »The World Of Peter Rabbit ™ Tales from the Countryside« bei Frederick Warne & Co., 20 Vauxhall Bridge Road, GB - London, SW1V 2SA
Text and Illustrations copyright © Frederick Warne & Co. 2022
Text © Jim Helmore
Illustrationen © Neil Faulkner
Peter Hase™ Peter Rabbit™ and Beatrix Potter™ are trademarks of Frederick Warne & Co.
Frederick Warne & Co. is the owner of all rights, copyrights and trademarks in the Beatrix Potter character names and illustrations.

Erschienen bei FISCHER Sauerländer

Für die deutschsprachige Ausgabe:
© 2024 Fischer Kinder- und Jugendbuch Verlag GmbH,
Hedderichstr. 114, D – 60596 Frankfurt am Main.

Umschlaggestaltung: Dahlhaus & Blommel Media Design, Vreden
unter Verwendung einer Illustration von Neil Faulkner
Satz: Dahlhaus & Blommel Media Design, Vreden
Aus dem Englischen von Cordula Jänke
ISBN 978-3-7373-7288-6

Weitere Informationen zum Kinder- und Jugendbuchprogramm der S. Fischer Verlage finden Sie unter www.fischerverlage.de

DIE WELT VON

PETER HASE™

Auf Entdeckungsreise durch die NATUR

SAUERLÄNDER

Ein ganzes Jahr voller Geschichten

Dieser Geschichtenschatz von Peter Hase begleitet dich durch alle Jahreszeiten – es beginnt mit den ersten Anzeichen des Frühlings und hört in einer kalten Winternacht auf. Am Ende jeder Geschichte gibt es Bastel- oder Spielideen für dich (manchmal brauchst du dafür die Hilfe von einer erwachsenen Person). Sie sind einfach umzusetzen, machen großen Spaß und eignen sich perfekt, um das Kommen und Gehen der Jahreszeiten zu genießen.

Frühling

Sommer

Herbst

Winter

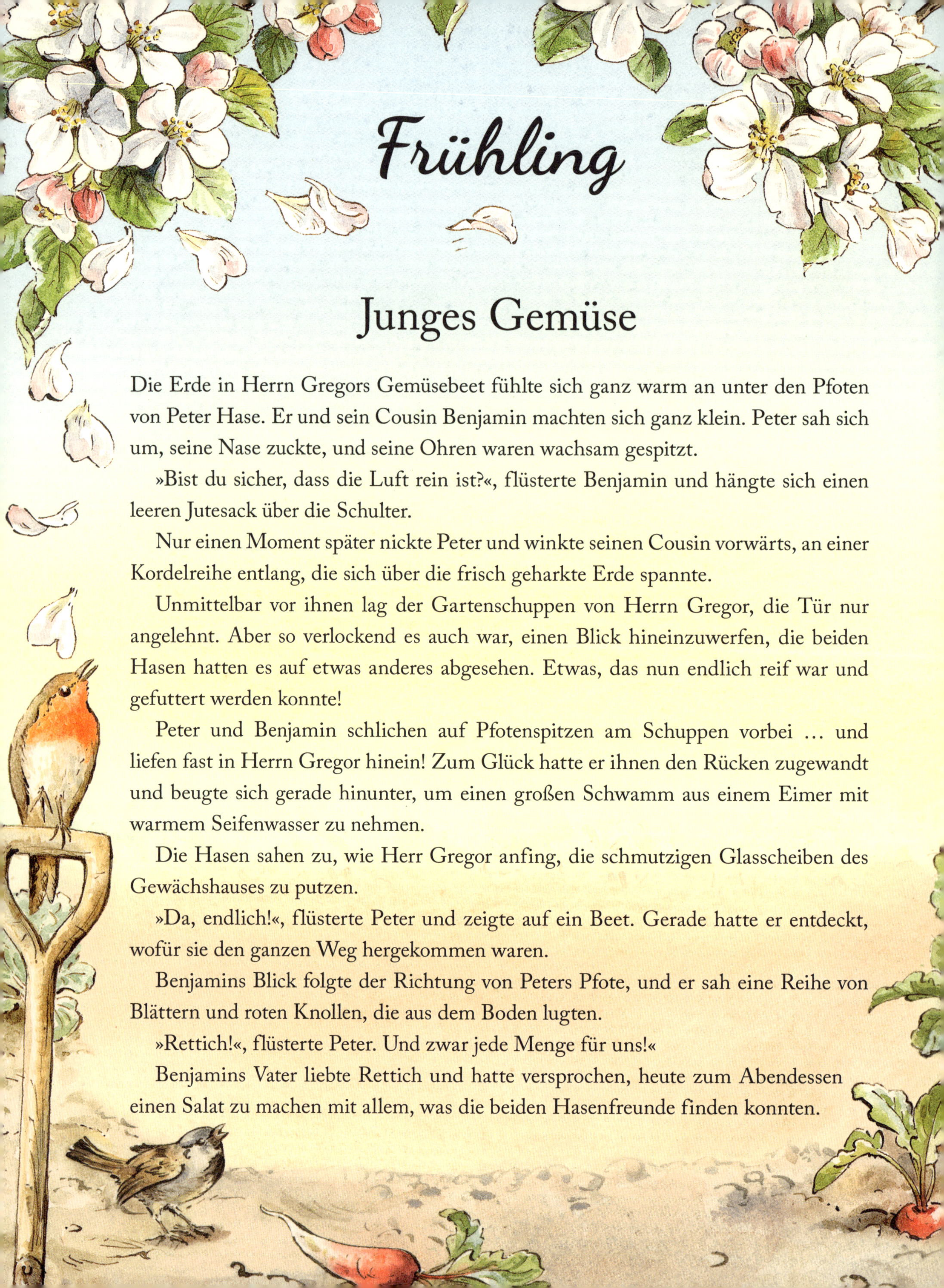

Frühling

Junges Gemüse

Die Erde in Herrn Gregors Gemüsebeet fühlte sich ganz warm an unter den Pfoten von Peter Hase. Er und sein Cousin Benjamin machten sich ganz klein. Peter sah sich um, seine Nase zuckte, und seine Ohren waren wachsam gespitzt.

»Bist du sicher, dass die Luft rein ist?«, flüsterte Benjamin und hängte sich einen leeren Jutesack über die Schulter.

Nur einen Moment später nickte Peter und winkte seinen Cousin vorwärts, an einer Kordelreihe entlang, die sich über die frisch geharkte Erde spannte.

Unmittelbar vor ihnen lag der Gartenschuppen von Herrn Gregor, die Tür nur angelehnt. Aber so verlockend es auch war, einen Blick hineinzuwerfen, die beiden Hasen hatten es auf etwas anderes abgesehen. Etwas, das nun endlich reif war und gefuttert werden konnte!

Peter und Benjamin schlichen auf Pfotenspitzen am Schuppen vorbei … und liefen fast in Herrn Gregor hinein! Zum Glück hatte er ihnen den Rücken zugewandt und beugte sich gerade hinunter, um einen großen Schwamm aus einem Eimer mit warmem Seifenwasser zu nehmen.

Die Hasen sahen zu, wie Herr Gregor anfing, die schmutzigen Glasscheiben des Gewächshauses zu putzen.

»Da, endlich!«, flüsterte Peter und zeigte auf ein Beet. Gerade hatte er entdeckt, wofür sie den ganzen Weg hergekommen waren.

Benjamins Blick folgte der Richtung von Peters Pfote, und er sah eine Reihe von Blättern und roten Knollen, die aus dem Boden lugten.

»Rettich!«, flüsterte Peter. Und zwar jede Menge für uns!«

Benjamins Vater liebte Rettich und hatte versprochen, heute zum Abendessen einen Salat zu machen mit allem, was die beiden Hasenfreunde finden konnten.

Iek, iek, iek!, wischte der Schwamm von Herrn Gregor über das Gewächshausglas. Beide Hasen sahen zu, wie der Gärtner eine Holzleiter hinaufstieg, um ans Dach zu kommen. Vorsichtig setzte er den Eimer auf die oberste Trittstufe und begann vor sich hin zu pfeifen.

»Das ist unsere Chance!«, zischte Peter, und die beiden Hasen schossen vorwärts.

Benjamin zupfte am ersten Rettich, dann zog Peter an dem daneben, und sie ließen die Knollen in den Sack fallen. Ein Rettich nach dem anderem folgte, und schon bald war der Sack kugelrund. Peter kicherte. Das ging ja leichter als gedacht!

Plötzlich erstarrte Benjamin. Etwas stimmte nicht … Erschrocken blickte er zu Peter hoch. Herr Gregor hatte aufgehört zu pfeifen! Auch der Schwamm quietschte nicht mehr. Tatsächlich schien der ganze Garten verstummt. Beide Hasen wandten sich um und sahen, wie der Gärtner sie geradewegs anstarrte, die Augen schmal und das Gesicht rot vor Wut.

»HASEN! In meinem Garten!«, schrie Herr Gregor, holte mit dem Arm von hinten aus und schleuderte den klatschnassen Schwamm auf sie.

»Pass auf!«, rief Peter und duckte sich, als der Schwamm über seinen Kopf zischte und ein Schauer aus Seifenblasen auf sie niedersprühte. Schnurstracks mitten durchs Gemüsebeet flitzten die beiden Hasen und schleppten ihre Beute hinter sich her. Die Erde stob nur so auf, als sie liefen.

Herr Gregor brüllte noch lauter und sprang in einem einzigen Satz von der Leiter. Er stürmte über ein Saatbeet, wobei er tiefe Spuren in der sorgsam geharkten Erde hinterließ.

»KOMMT ZURÜCK!«, brüllte der verärgerte Gärtner.

»Hier entlang!«, rief Peter.

»Aber das Tor ist dort drüben!«, schrie Benjamin, in die gegenüberliegende Richtung zeigend. »Das schaffen wir nie!«

»Vertrau mir!«, keuchte Peter, während er einen Haken zurück zum Gemüsebeet schlug.

Die Hasen liefen eine Schleife um den Schuppen und hoppelten auf das Gewächshaus zu, querfeldein über die Beete trampelten sie; Rechen und Spaten polterten zu Boden.

»MEINE ERBSEN! MEINE BOHNEN! MEINE KAROTTEN!«, zeterte Herr Gregor.

Peter und Benjamin hatten fast schon die Stehleiter erreicht, als der aufgebrachte Gärtner einen Stein aufhob.

»Kopf runter!«, rief Peter, als der Stein durch die Luft sauste. Haarscharf verfehlte er die Hasen, aber schmetterte mit einem lauten KRACH! in eine Scheibe des Gewächshauses!

Zorniger als je zuvor sah sich Herr Gregor nach den beiden Hasen um. Bald hatte er ihr Versteck entdeckt, denn ihre weißen Puschelschwänzchen lugten hinter der Leiter hervor.

»Also doch nicht so schlau!« Mit finsterem Gesicht und einem lauten Schrei warf er sich selbst kopfüber auf die unterste Stufe der Leiter. Die Arme hatte er ausgestreckt, bereit, mit jeder Hand einen Hasen zu packen

»Jetzt!«, flüsterte Peter, und die beiden Hasenfreunde schossen los. Doch Herr Gregor konnte sich nicht mehr fangen! Als er mit der Stehleiter zusammenkrachte, platschte der Eimer mit Seifenwasser hinunter, und ergoss sich über seinen armen Kopf!

»ICH KRIEG EUCH, IHR FRECHEN KARNICKEL, WARTET'S NUR AB!«, schrie der pitschnasse Gärtner und reckte die Faust. Aber die Hasen waren weg.

In weniger als einer Minute zwängten Peter und Benjamin sich unter dem Gartentor durch und hielten nicht an, ehe sie den Wald erreicht hatten.

Benjamin seufzte, als er den schweren Sack auf die Schulter hob. »Dieser Rettich ist den ganzen Ärger hoffentlich wert!«

Peter grinste. »Alles wäre es wert, um zu sehen, wie Herr Gregor so eine Dusche abkriegt!«

Und die beiden tapferen Hasen lachten, als sie Benjamins Bau und einem leckeren Abendessen entgegenhoppelten.

Dein kleiner Kräutergarten

Das brauchst du:

- Einen Blumentopf oder leeren Joghurtbecher (bitte jemand Erwachsenes, Löcher in den Boden des Bechers zu stechen, damit das Wasser ablaufen kann)
- Erde
- Kräuter- oder Salatsamen, wie zum Beispiel Kresse
- Eisstiele oder Pappkärtchen
- Einen Bleistift

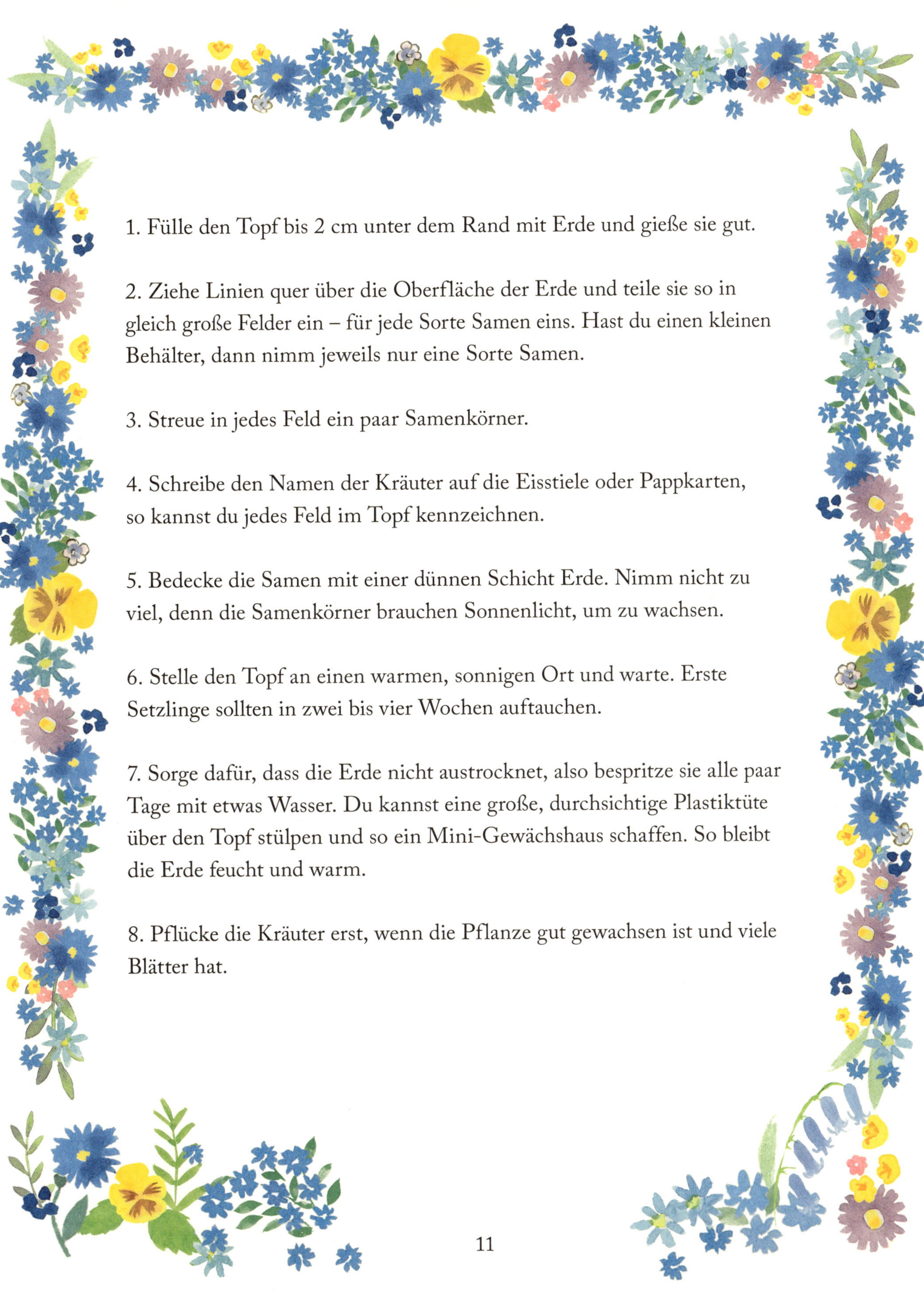

1. Fülle den Topf bis 2 cm unter dem Rand mit Erde und gieße sie gut.

2. Ziehe Linien quer über die Oberfläche der Erde und teile sie so in gleich große Felder ein – für jede Sorte Samen eins. Hast du einen kleinen Behälter, dann nimm jeweils nur eine Sorte Samen.

3. Streue in jedes Feld ein paar Samenkörner.

4. Schreibe den Namen der Kräuter auf die Eisstiele oder Pappkarten, so kannst du jedes Feld im Topf kennzeichnen.

5. Bedecke die Samen mit einer dünnen Schicht Erde. Nimm nicht zu viel, denn die Samenkörner brauchen Sonnenlicht, um zu wachsen.

6. Stelle den Topf an einen warmen, sonnigen Ort und warte. Erste Setzlinge sollten in zwei bis vier Wochen auftauchen.

7. Sorge dafür, dass die Erde nicht austrocknet, also bespritze sie alle paar Tage mit etwas Wasser. Du kannst eine große, durchsichtige Plastiktüte über den Topf stülpen und so ein Mini-Gewächshaus schaffen. So bleibt die Erde feucht und warm.

8. Pflücke die Kräuter erst, wenn die Pflanze gut gewachsen ist und viele Blätter hat.

Ein blaues Blütenmeer

»Lasst uns für Mama ein paar Bilder als Überraschung malen«, schlug Peter vor.

Heute hatte Peters Mama Geburtstag, und sie war gerade aus dem Bau für ein Teestündchen mit Jemima Pratschel-Watschel. Flopsi, Mopsi und Wuschelpuschel stimmten zu, dass das jetzt die ideale Gelegenheit war.

»Mama liebt Frühlingsblumen«, meldete sich Wuschelpuschel zu Wort. »Wir könnten alle welche von ihren Lieblingsblumen malen!«

Sie machten sich gleich ans Werk. Flopsi und Mopsi räumten den Tisch frei, Wuschelpuschel deckte ihn mit altem Zeitungspapier ab, und Peter verteilte Stifte und Malfarben. Bald war es im Hasenbau mucksmäuschenstill bis auf das Kratzen von Malstiften und Klimpern von Pinseln, die ins Wasserglas getaucht werden.

»Guckt mal meine Osterglocken!«, verkündete Wuschelpuschel und hielt ein Blatt voller leuchtend gelber Blüten hoch.

Flopsi war eifrig dabei, letzte Hand an einige Schneeglöckchen zu legen, und Mopsi tupfte vorsichtig ihr Tulpenbild ab. Es war schwer zu sagen, was für Blumen Peter gemalt hatte, denn sie waren ganz bedeckt von großen gepunkteten Marienkäfern.

»Schaut mal, wen ich auf dem Heimweg getroffen habe!«, rief ihre Mama, als sie ganz unerwartet durch den Vordereingang trat.

»Hallo!«, sagte Eichhörnchen Nusper und kam mit großen Schritten zu den Hasen herüber.

»Pass auf!«, rief Wuschelpuschel.

Hatte Peter das Glas mit Wasser umgestoßen, als er versuchte, die Bilder zu verstecken? Oder war es Nusper, als er gegen den Tisch stolperte? Auf jeden Fall war nun Wasser auf der Tischplatte verschüttet und ruinierte ihre ganze fleißige Arbeit!

Schrecklicher Tumult brach aus, als die Hasenkinder alle gleichzeitig durcheinander schrien.

»Was ist denn los?«, rief ihre Mama und eilte mit einem Handtuch herbei. Als ihre Kinder erklärten, was passiert war, bedauerte sie sie sehr.

Peter seufzte. »Wir wollten dich mit Blumenbildern überraschen!«

Mama Hase tat ihr Bestes, um die Bilder zu retten, aber sie waren jetzt eine einzige nasse Masse.

»Das war sehr lieb von euch allen«, lächelte sie dankbar. »Warum malt ihr nicht noch etwas, sobald wir das hier aufgeräumt haben?«

Nusper nahm Peter in den Arm. Dann flüsterte er dem kleinen Hasen etwas ins Ohr.

Peter lächelte, und seine Miene hellte sich auf. »Das ist eine tolle Idee!«

Er steckte mit seinen Hasenschwestern die Köpfe zusammen und erklärte ihnen den Plan.

Bald darauf schlüpfte Wuschelpuschel als Erste aus dem Bau. Dann folgten Flopsi und Mopsi und führten ihre Mama an den Pfoten.

»Wohin bringt ihr mich?«, kicherte Mama Hase. Ihre Augen waren mit einem Tuch verbunden.

Peter und Nusper lachten, als sie hinterherhopsten. »Wart' nur ab!«

»Nicht gucken!«, sagte Wuschelpuschel vergnügt.

Die Sonne wärmte Mama Hase das Gesicht, und aus der Ferne vom Bauernhof klang das Blöken neugeborener Lämmer.

Im Wald zeigten sich frische grüne Blätter in den Zweigen über ihren Köpfen. Versteckte Spechte pochten mit ihren Schnäbeln gegen Baumstämme, und Bienen summten emsig hin und her.

»Hier entlang!«, rief Nusper und übernahm die Führung.

Jetzt, da sich der Wald rings um sie schloss, musste die kleine Gruppe hin und wieder stehen bleiben und Mama Hase helfen, über störende Wurzeln auf dem Weg zu klettern.

»Sind wir bald da?«, fragte Peter.

Nusper lächelte und zeigte auf eine Lichtung in der Nähe.

»Setz dich hierhin, Mama«, wiesen Flopsi und Mopsi sie an.

»Bist du bereit?«, fragte Peter.

Mama Hase nickte, und Wuschelpuschel sprang auf, um ihr die Augenbinde abzunehmen.

»HERZLICHEN GLÜCKWUNSCH!«, jubelten die Hasen.

Vor ihnen lag ein Meer im Wind wippender blauer Glockenblumen, das sich in den Wald erstreckte, so weit das Hasenauge reichte. Sonnenstrahlen sprenkelten den Waldboden mit magischem Licht, und der süße Duft der Blumen schwebte in der Luft.

Mama Hase schnappte überwältigt nach Luft. Sie hatte gar nicht gewusst, dass die Glockenblumen schon blühten!

»Sie blühen nicht lange«, sagte Peter lächelnd. »Und da Glockenblumen deine Lieblingsblumen sind, dachten wir, dass dir welche zu zeigen genauso gut wäre wie ein Bild von uns!«

Die Hasenmama strahlte, als ihre Kinder sie umringten und drückten. »Die Blumen im Kreis meiner kleinen Häschen zu sehen ist das allerschönste Geburtstagsgeschenk!«

Blüten-Blätter

Die ersten Blumen des Jahres zu entdecken ist ein gutes Zeichen dafür, dass der Frühling kommt. Diese einfachen Papierblumen eignen sich perfekt, um die Farben des Frühlings zu dir nach Hause zu bringen.

Das brauchst du:

- Buntes Papier, auch in Grün und Gelb
- Eine Schere
- Kleber
- Pappe

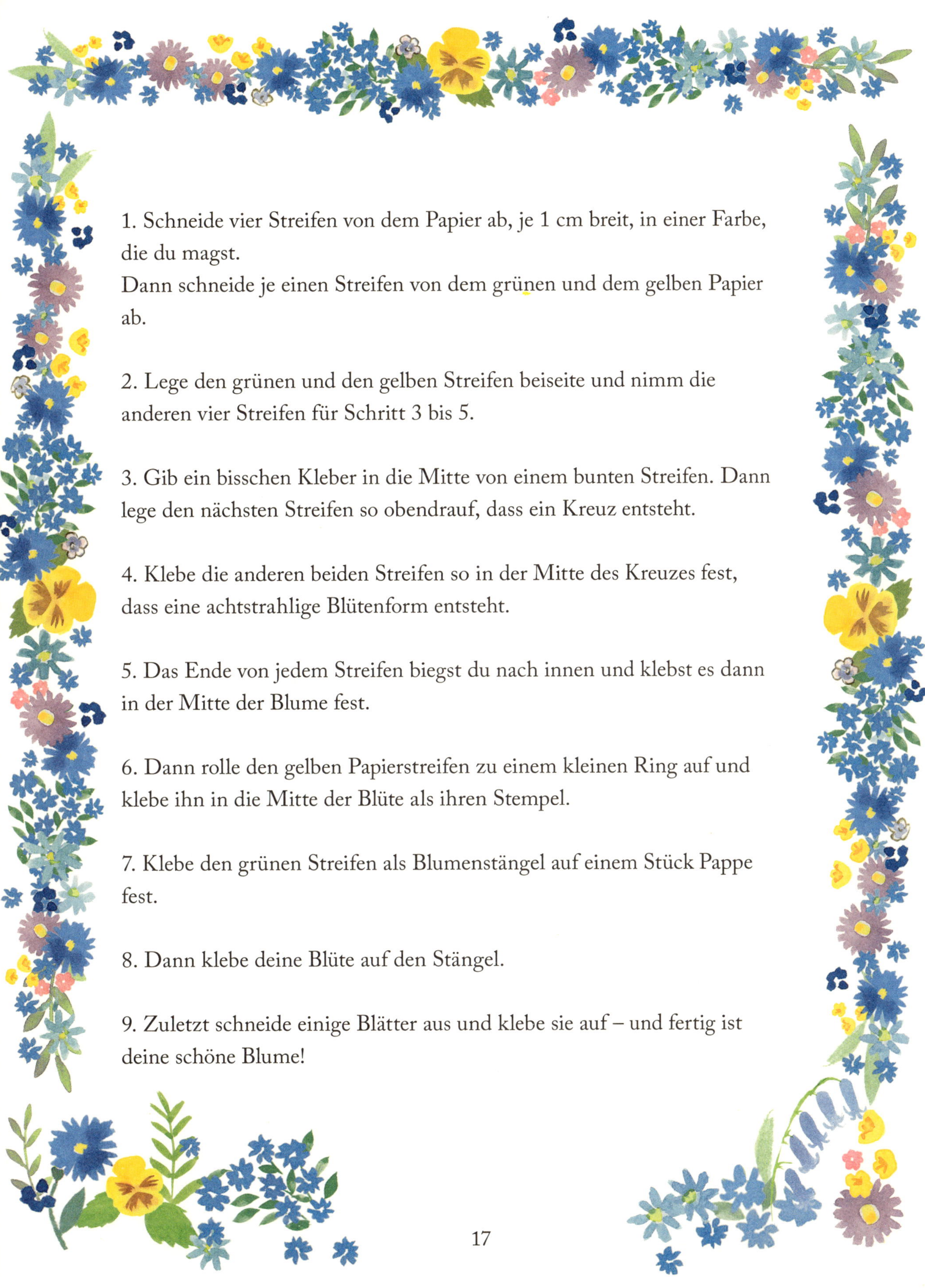

1. Schneide vier Streifen von dem Papier ab, je 1 cm breit, in einer Farbe, die du magst.
Dann schneide je einen Streifen von dem grünen und dem gelben Papier ab.

2. Lege den grünen und den gelben Streifen beiseite und nimm die anderen vier Streifen für Schritt 3 bis 5.

3. Gib ein bisschen Kleber in die Mitte von einem bunten Streifen. Dann lege den nächsten Streifen so obendrauf, dass ein Kreuz entsteht.

4. Klebe die anderen beiden Streifen so in der Mitte des Kreuzes fest, dass eine achtstrahlige Blütenform entsteht.

5. Das Ende von jedem Streifen biegst du nach innen und klebst es dann in der Mitte der Blume fest.

6. Dann rolle den gelben Papierstreifen zu einem kleinen Ring auf und klebe ihn in die Mitte der Blüte als ihren Stempel.

7. Klebe den grünen Streifen als Blumenstängel auf einem Stück Pappe fest.

8. Dann klebe deine Blüte auf den Stängel.

9. Zuletzt schneide einige Blätter aus und klebe sie auf – und fertig ist deine schöne Blume!

Das kleine Nest

Die kleine Jenny Zaunkönig hatte sehr lange nach dem besten Platz gesucht, um ihr Nest zu bauen und Eier zu legen. Schließlich wählte sie eine Hecke oben am Feldweg aus. Ihr winziges Nest war so rund wie ein Ball, ganz verborgen und behaglich, und darin lagen sechs der kleinsten Vogeleier, die Peter und Benjamin je gesehen hatten.

Im Lauf der Tage steckten die Hasen ihre Fellnasen vorsichtig in die Hecke, um nach der kleinen Zaunkönigdame zu sehen.

»Wie schön, euch zu sehen«, sagte Jenny schläfrig, »aber ich hätte einfach gern ein bisschen Ruhe, bevor meine Küken schlüpfen.«

Und als die Küken da waren, merkten Peter und Benjamin schon bald, warum Jenny sich ein bisschen Ruhe und Frieden gewünscht hatte. Obwohl noch so winzig, tschilpten die Nestlinge schon lautstark um die Wette!

»Mama! Mehr Futter! Mama! Mehr Futter! Mama! Mehr Futter!«, piepsten sie mit weit aufgerissenen Schnäbelchen, während die erschöpfte Zaunkönigmama mit Schnabelladungen voller Fliegen, Käfer und Spinnen ein- und ausflog.

Eines Tages, als die beiden Hasen den Feldweg entlanghoppelten, fanden sie die arme Jenny traurig tschilpend auf einem Zweig. In der Hecke zirpten und piepten die Nestlinge wie verrückt.

»Was hast du denn?«, fragte Peter sanft.

»Meine armen, armen Küken werden immer hungriger«, piepste Jenny, »und das Futter hier in der Gegend wird knapp!«

»Aber es sollte doch reichlich Insekten für euch zu essen geben«, sagte Benjamin.

»Es gab reichlich«, antwortete die kleine Zaunkönigmama, »bis die Quappen da unten eingezogen sind.« Sie zeigte mit der Flügelspitze auf einen schlammigen Wassergraben am Fuß der Hecke.

»Die wer …?«, setzte Peter an.

»Tut mir leid, keine Zeit für lange Pausen!«, seufzte Jenny. »Ich muss wieder los!« Und sie flitzte in einem Federwirbel von ihrem Zweig.

Die beiden Hasenfreunde tauschten einen Blick und beugten sich dann hinunter zum Wassergraben, um mehr herauszufinden.

»Schwips, schwapp, schwapp, moin, moin!«, quakte ein prächtiger dicker Kröterich, als die Hasen die Nasen unter die Hecke steckten.

»Plitsch, platsch, jo, moin!«, quakte ein zweiter.

»Schwips, schwapp, papperlapapp«, erwiderte der erste. »Ich meinte nicht dich.«

»Matsch, patsch, was?«, fragte ein dritter Kröterich, herüberhüpfend.

Peter und Benjamin konnten nur staunen. In der Mulde tummelten sich mindestens sieben Kröten, und alle trugen sie feine samtene Jacken.

»Seid ihr die *Quappen*?«, fragte Peter.

Ein Chor von »schwipsschwapp«, »plitschplatsch« und »matschpatsch« ertönte, ehe die Kröten einstimmig »Jo!« quakten.

Ich bin Herr Quappe«, quatschte der erste Kröterich, »und dies sind meine Krötenbrüder: Herr Quappe, Herr Quappe, Herr Quappe, Herr Quapp–«

»Ja«, sagte Benjamin schnell, »wir verstehen schon. Aber was macht ihr alle hier in diesem Graben?«

»Schwips, schwapp, schwapp«, begann der erste Herr Quappe. »Unser Bachlauf ist ausgetrocknet, und dies hier schien uns ein feines feuchtes Fleckchen. Ein bisschen voll vielleicht, aber dennoch ganz bequem.«

Ein weiterer Herr Quappe kletterte über den Rücken des ersten Kröterichs. Er öffnete das Maul und schnappte sich eine große haarige Spinne, die ihr Netz in der Nähe spann.

Peter schaute seinen Cousin an. Sie mussten etwas unternehmen, ehe alles Futter für die kleine Zaunkönigmama verschlungen wurde.

»Was, wenn wir euch helfen würden, irgendwo ein Plätzchen mit mehr … Platz zu finden?«, fragte Peter.

»Schwips, schwapp, schwapp, mehr Platz?« Der erste Herr Quappe bekam ganz große Froschaugen. »Gibt es dort auch leckere Larven und knackige Raupen?«

»Jede Menge!«, lächelte Peter. »Na kommt! Folgt mir!«

Zusammen führten Peter und Benjamin die Kröten in einem hüpf-schlüpfrigen Zug in eine feuchte Auenwiese, die an einen Teich grenzte.

»Jeremias Qaddel wird schon nichts dagegen haben, seinen Teich zu teilen, nicht wahr?«, flüsterte Benjamin Peter zu.

»O nein.« Peter lächelte. »Hier gibt es reichlich Platz für jeden!«

»Schwips, schwapp, schwapp! Danke, ihr Hasen!«, quakte ein Herr Quappe. Seine Krötenbrüder hüpften schon in alle Himmelsrichtungen davon, angelockt von schwirrenden Insektenflügeln und schleimigen Schneckenspuren.

In den folgenden Tagen hatten Peter und Benjamin viel zu Hause zu tun und sahen die kleine Jenny Zaunkönig eine ganze Woche lang nicht. Doch als sie das nächste Mal an ihrem Nest vorbeikamen, hörten die beiden Hasen einen Chor fröhlichen Gezwitschers.

»Hallo, Jenny!«, riefen sie.

»Hallo«, zirpte Jenny und steckte den Schnabel aus der Hecke. »Die Quappen sind weg!«, zwitscherte sie lachend. »Und meine Küken werden wieder satt.«

Die beiden Hasenfreunde sahen zu, wie erst ein und dann noch ein winziger Zaunkönig hinter seiner Mama auftauchte.

»Mama! Mama! Futter! Futter!«, piepsten die Vögelchen. Sie waren schon viel größer geworden.

»Ich glaube, ihr könnt nun anfangen, selbst zu jagen«, erwiderte Jenny Zaunkönig stolz.

Die kleine Vogelmama schoss in die Luft, und während die beiden Hasen den Atem anhielten, machte ihr erstes Küken einen riesigen Satz, flatterte mit den Flügeln … und flog!

Der Lebenszyklus eines Froschs

Froscheier oder »Laich« in einem Teich sind ein sicheres Zeichen dafür, dass es Frühling ist. Der Laich entwickelt sich vom Ei zu einem erwachsenen Tier. Das ist der »Lebenszyklus«. Bastel doch mal ein Modell, das die verschiedenen Stadien im Leben eines Froschs zeigt.

Das brauchst du:

* Luftpolsterfolie
* Eine Schere
* Verschiedene Stifte und Malfarben
* Ein großer Bogen festes Papier
* Kleber
* Einen leeren Eierkarton
* Pappe
* Grüne Pfeifenreiniger

1. **Froschlaich:** Schneide ein Stück Luftpolsterfolie mit sieben oder acht Luftbläschen aus. Male einen schwarzen Punkt in die Mitte jeder Luftblase und klebe sie auf das Papier.

2. **Kaulquappe:** Schneide einen einzelnen Eierhalter aus dem Eierkarton aus und male ihn schwarz an. Schneide aus der Pappe zwei Augen aus und klebe sie auf die Seiten. Dann schneide eine Schwanzform aus Pappe aus, male sie schwarz aus und klebe sie hinten dran. Die Kaulquappe kommt dann auf das Papier neben den Froschlaich.

3. **Jungfrosch:** Wiederhole die vorigen Schritte, aber male den Eierhalter diesmal grün an und klebe einen grünen Pappschwanz an. Schneide ein 2 cm großes Stück von einem Pfeifenreiniger ab und wickle es um das Ende eines längeren Pfeifenreinigers. Das werden drei Finger. Klebe sie an den Jungfrosch an.

4. Wiederhole das mit einem anderen Pfeifenreiniger, dann mache ein Loch in jede Seite des »Froschkörpers« und befestige dort die Pfeifenreinigerarme.

5. **Ausgewachsener Frosch**: Mache noch einen Jungfrosch, aber ohne den Pappschwanz. Stattdessen füge zwei Pfeifenreinigerbeine an (geht genauso wie die Arme).
Unter die Froschaugen kannst du ein lächelndes Maul malen. Dann kommt alles mit auf deinen Bogen Papier, und damit schließt sich der Lebenszyklus des Frosches.

Turbulenter Frühjahrsputz

Vogelgezwitscher von draußen vor seinem Fenster weckte Peter auf.

»Ist das nicht ein bisschen früh für so viel Lärm?«, fragte sich der kleine Hase und zog sich die Decke über den Kopf. Dann überkam ihn ein komisches Gefühl. Irgendwas stimmte nicht. Langsam öffnete er ein Auge und schaute sich um, aber der Hasenbau schien so wie immer.

Genau in diesem Moment hoppelten Peters Schwestern gähnend in sein Zimmer.

»Was gibt's zum Frühstück?«, nuschelte Wuschelpuschel verschlafen.

Frühstück! Das war's! Der Hasenbau hätte schon längst mit leckeren backfrischen Gerüchen und den Geräuschen vom Herumwerkeln seiner Mama erfüllt sein sollen.

»Mama?«, fragte Peter, zuerst leise und dann etwas lauter: »MAMA!«

»Guten Morgen«, rief ihre Mama mit heiserer Stimme. »Ich fühle mich heute nicht in bester Verfassung.«

Peter hopste in die Kammer seiner Mama. Sie sah ganz und gar nicht gut aus. Ihre Hasenohren hingen ganz schlaff zu beiden Seiten ihres Gesichts runter.

»Ich glaube, es ist bloß eine leichte Erkältung«, seufzte sie. »Mach aber keinen Wirbel, ich bin im Nu wieder taufrisch.«

»Es muss doch etwas geben, wie ich helfen kann?«, fragte Peter besorgt.

»Nun, wenn du dich vielleicht um deine Schwestern kümmern würdest«, sagte seine Mama lächelnd, »und mach uns allen Frühstück, das wäre wunderbar.«

Also machte Peter sich daran, eine Kanne Brennnesseltee für die Hasenfamilie zu kochen, wobei er mit dem Wasserkessel gut achtgab. Seine Schwestern wollten auch unbedingt helfen, und zusammen schnitten und schmierten sie ein paar Brötchen mit Johannisbeermarmelade – auch wenn ein Großteil der Marmelade auf dem Fußboden landete, zusammen mit einem Berg Krümel!

Peter seufzte angesichts der Bescherung. »Wie gut, dass Mama das nicht sieht.«

Nach dem Frühstück fühlte ihre Mama sich etwas besser, aber die Hasenkinder bestanden darauf, dass sie noch länger im Bett blieb und sich ausruhte.

»Ich weiß was!«, flüsterte Peter seinen Hasenschwestern zu, als er die Krümel zusammenfegte. »Lasst uns einen ordentlichen Frühjahrsputz machen, um Mama zu überraschen.«

»Au ja!«, rief Wuschelpuschel und sprang auf.

»Das ist eine tolle Idee«, stimmte Flopsi zu.

»Sollen wir mit dem Teppich anfangen?«, fragte Mopsi und zerrte gleich an einem großen Läufer auf dem Boden. Doch bei jedem Ruck wackelte der Tisch.

KRACH!

Eine Blumenvase stürzte zu Boden; Blütenblätter und Wasser vermischten sich mit der Marmelade vom Frühstück.

»O nein!«, stöhnte Peter. »Hol den Wischmopp!«

Mopsi düste rüber zum Schrank. Aber als sie die Schranktür öffnete, purzelten ihr Besen und Eimer entgegen.

PLUMPS! PENG! POLTER!

»Pssst!«, rief Peter und wedelte mit den Pfoten, »du weckst Mama noch auf!«

Er sich drehte sich um und wollte den Besen aufheben, da stieß er dessen Stiel versehentlich in die Feuerstelle, und drei große Holzscheite rumsten in einer Rußwolke ins Zimmer.

»Wir machen alles nur noch schlimmer!«, jammerte Wuschelpuschel.

»Ich glaube, wir brauchen Hilfe«, sagte Peter und flitzte aus dem Bau.

Seine Hasenschwestern taten ihr Bestes, alles aufzusammeln, während Peter weg war, aber ihr Zuhause war bei seiner Rückkehr immer noch das reinste Durcheinander.

»Ich habe eine Expertin mitgebracht!«, lächelte Peter und trat beiseite, um Frau Thomasina Tittelmaus zu präsentieren.

»So ein Schurrmurr! So ein Schurrmurr!«, schüttelte die kleine Mäusedame den Kopf und richtete ihre weiße Schürze. »Was soll ich sagen! Diese Hasen!«

»Ich hab Sie doch gewarnt, dass es schlimm aussieht«, sagte Peter kleinlaut.

»Hört mir mal alle zu!« Thomasina Tittelmaus fuchtelte mit ihren winzigen Pfoten. »Wir machen jetzt Folgendes …«

Unter der Leitung der Mäusedame rollten die Hasenkinder den wollenen Läufer auf und schleppten ihn nach draußen, wo sie den Staub mit Stöcken rausklopften.

Dann zeigte Frau Tittelmaus Peter, wie man den Fußboden richtig reinigte: indem man erst das Durcheinander auffegte und dann gründlich durchwischte.

»Nicht zu viel Wasser, Peter«, rief die Mäusedame. »So ist gut!«

In wenigen Stunden war jedes Möbelstück abgestaubt und poliert, die Feuerstelle war gekehrt, und eine neue Vase mit frischen Blumen stand auf der glänzenden Tischplatte.

Der Hasenbau strahlte blitzeblank!

»Vielen Dank, Frau Tittelmaus!«, strahlten die Hasenkinder.

»Nichts zu danken, nichts zu danken!« Frau Tittelmaus kicherte. »Ein aufgeräumtes Heim lässt Glück herein! Nun grüßt eure liebe Mama herzlich von mir. Ich schaue morgen vorbei, um zu sehen, wie es ihr geht.« Und damit huschte sie hinaus.

Als Mama Hase am Nachmittag aufwachte, schnappte sie staunend nach Luft, so blitzsauber sah der Hasenbau aus!

»Gut gemacht, Peter!«, rief sie. »Hab vielen Dank!«

Peter grinste. »Ich war das nicht allein. Alle haben mitgeholfen!«

Also umarmte Mama Hase alle ihre Hasenkinder.

»Und Frau Tittelmaus sendet herzliche Grüße«, meldete sich Wuschelpuschel zu Wort.

Als seine Mama begann geschäftig herumzuwuseln, freute Peter sich so sehr. Wie gut, dass es ihr wieder besser ging!

Aufräumen mit Sternchen

Du wirst wohl nirgends ein ordentlicheres Zuhause finden als das von Frau Tittelmaus. Diese kleine Waldmaus kämpft unentwegt gegen kleine Krabbeltiere an, die bei ihr einziehen möchten.
Bastle dir eine eigene Belohnungskarte und hake das ab, was du für ein sauberes und aufgeräumtes Zuhause getan hast. Jedes Mal, wenn du zu Hause mithilfst, gib dir selbst ein goldenes Sternchen. Kannst du fünf Sterne in einer Woche bekommen und dir eine Belohnung verdienen?

Vom Winde verweht

Peter und Benjamin bahnten sich ihren Weg den Pfad entlang, sie stemmten sich gegen die Windböen, die über ihre Ohren peitschten und ihre Schnurrhaare plattdrückten.

»Das ist das perfekte Wetter zum Fliegen«, schrie Peter.

Sein Cousin war sich da nicht so sicher und drückte den Drachen unter seinem Arm fest an sich.

Zusammen mit einem Wirbel tanzender Blätter trug der Wind eine bekannte Stimme heran.

»Ach, du liebe Güte! Ach, du liebe Güte! Was soll ich nur tun?«

Die beiden Hasen erkannten sofort Frau Tiggy-Wiggels Rufen und eilten voran, um zu sehen, ob sie helfen konnten. Sie fanden die kleine Igeldame ganz aufgelöst vor ihrer Behausung.

»Frau Tiggy-Wiggel, was ist denn los?«, fragte Peter.

»Der Wind! Der Wind!«, schluchzte Frau Tiggy-Wiggel. »Er hat die Laken mitgenommen! Er hat die Unterröcke mitgenommen!«

Peter und Benjamin sahen einander an.

»Was soll das heißen?«, fragte Benjamin.

»Nun, es weht und tobt so stark heute Morgen, dass meine Wäscheleine entzweigerissen ist! Seht nur! Da sprießen Strümpfe aus den Rosensträuchern, und wer weiß, was mit den Taschentüchern passiert ist …«

Peter legte den Arm um die Igeldame und steuerte sie auf die kleine Haustür zu, die in den Hügel hinter ihnen eingelassen war.

»Keine Sorge, Frau Tiggy-Wiggel, wir helfen Ihnen, alles wiederzufinden«, versicherte er ihr.

Benjamin sammelte gerade die Strümpfe auf, da wehte ihm ein riesiges Handtuch ins Gesicht und warf ihn um. Er rollte das Handtuch zusammen, den Wind noch mehr leid als vorher.

Drinnen in Frau Tiggy-Wiggels Igelbau umgab die Hasen der tröstliche Duft frisch gewaschener Wäsche.

»Erinnern Sie sich noch genau, was an der Leine hing?«, fragte Peter.

»Natürlich«, erwiderte Frau Tiggy-Wiggel und tippte sich an die Schläfe. »Lasst mal sehen … Dank Benjamin haben wir die Strümpfe und das Handtuch, es bleiben also noch der Schal von Jemima Pratschel-Watschel; das Bettlaken von Herrn Jeremias Quaddel, aber ihm wird es nichts ausmachen, wenn er es ein bisschen klamm zurückbekommt; die drei Unterröcke von Frau Tabitha Zucketaps plus die zwei Kleider für ihre Mädchen und ein Paar Hosen für deren Bruder, Katerchen Moppel.«

»Ich hab's!«, verkündete Peter. »Wir könnten auf die große Eiche klettern! Ich wette, von dort oben können wir die fortgewehte Wäsche sehen.«

Draußen war der Wind so stürmisch wie zuvor, und die Hasen brauchten etwas länger als gewöhnlich, um den Hügel zur alten Eiche hinaufzuhoppeln. Doch noch ehe sie überhaupt auf den Baum kletterten, sahen sie Jemima Pratschel-Watschels rosa Schal von einem der unteren Äste hängen.

»Nun, eins von der Liste können wir schon streichen!«, rief Peter und befreite vorsichtig den Schal.

Die stämmige Eiche hatte so manchem Sturm über die Jahre standgehalten und schien unbehelligt von dem starken Wind. Der arme Benjamin klammerte sich an den untersten Ast und wagte sich nicht weiter.

»Kannst du etwas erkennen?«, rief er Peter zu, der schon ziemlich weit oben war.

Peter suchte den Horizont ab, von rechts nach links …

»Aha!«, rief er.

»Was gibt's?«, schrie Benjamin.

Peter lachte. »Drei Unterröcke, zwei Kleider und ein Paar Hosen!«

Tatsächlich, da war die verschollene Wäscheleine, in der dicken Hecke verfangen, die sich durch die Weiden in Richtung Bauernhof wand.

»Komm schon«, rief Peter, als er nach unten zu Benjamin sprang, »wer zuerst da ist!«

Bald schon hoppelten die Hasen zu der Hecke, wo sie die zerrissene Wäscheleine einrollten und die vermissten Kleidungsstücke zusammenfalteten.

»Das ist alles – außer dem Laken von Jeremias Quaddel«, sagte Peter. »Vielleicht sollten wir es ihm sagen, um Frau Tiggy-Wiggel diese Aufgabe zu ersparen.«

Als sie das Haus des Frosches, mitten unter den Butterblumen am Teichufer, erreichten, war niemand daheim.

»Vielleicht ist er angeln?«, überlegte Benjamin.

Die Hasen patschten durch das feuchte Gras zum Teich, die Wäschestücke hoch über ihre Köpfe erhoben, damit sie nicht schmutzig wurden.

Doch als sie das Ufer erreichten, erwartete sie der allermerkwürdigste Anblick: Jeremias Quaddel sauste auf einem Seerosenblatt kreuz und quer über das Wasser, gezogen von einem großen weißen Segel, das sich im Wind bauschte.

»Ahoi da drüben!« Der fröhliche Frosch lachte, als er an Peter und Benjamin vorbeischoss. »Ihr ratet nie, was mir heute passiert ist! Ich war gerade draußen angeln, als dieses wunderbare Segel vom Himmel fiel und sich in meinem Schilfrohr verfing. So schnell war ich in meinem ganzen Leben noch nicht unterwegs!«

«Ich glaub nicht, dass das ein Segel ist …«, flüsterte Benjamin.

Peter lachte. »Nein! Jeremias Quaddels vermisstes Laken hat von ganz allein nach Hause gefunden.«

Alle Hasen fliegen hoch

Das brauchst du:

- Ein 10 cm großes viereckiges Stück Papier, in jeder Farbe, die dir gefällt
- Eine Schere
- Verschiedene Mal- und Bleistifte

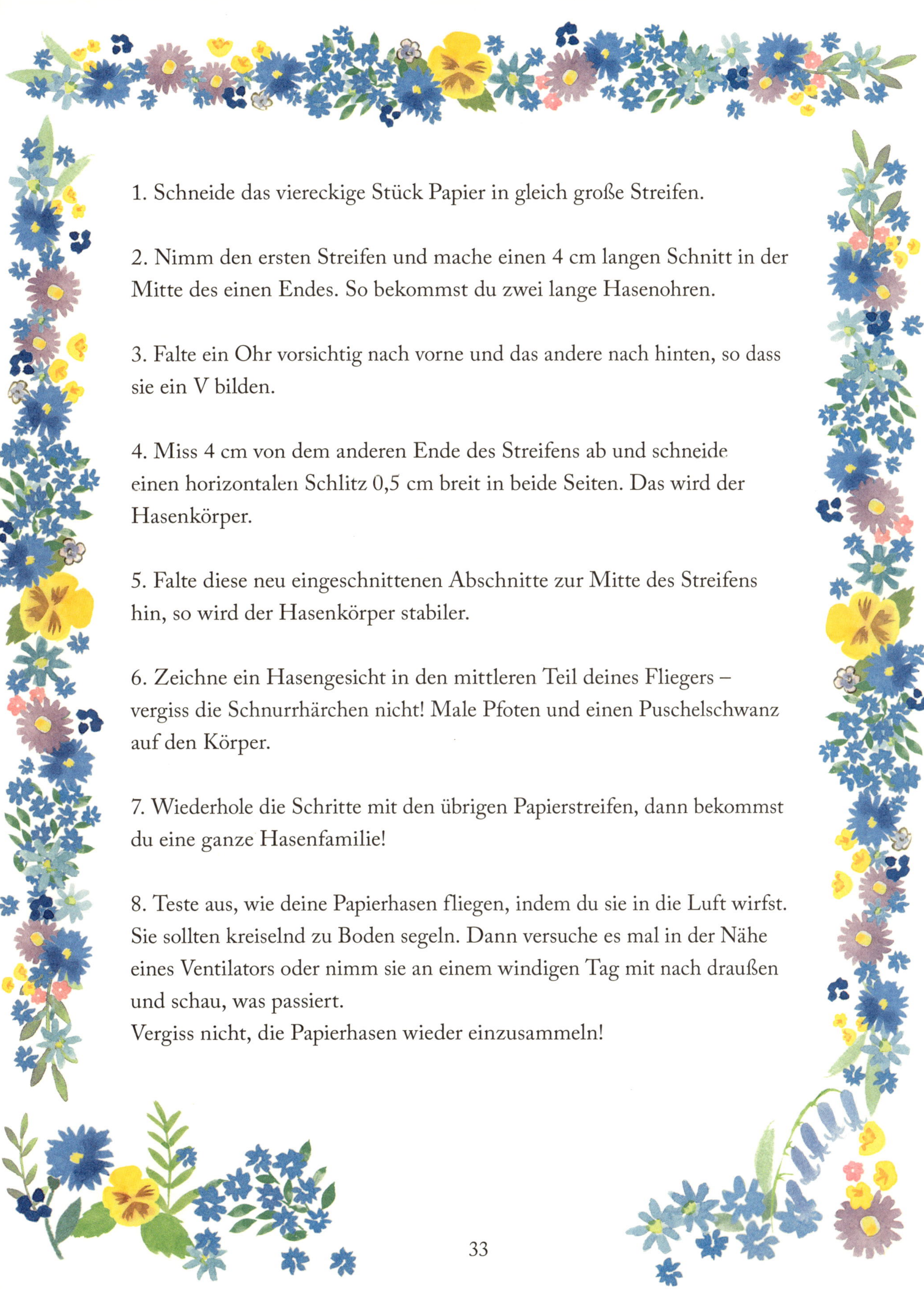

1. Schneide das viereckige Stück Papier in gleich große Streifen.

2. Nimm den ersten Streifen und mache einen 4 cm langen Schnitt in der Mitte des einen Endes. So bekommst du zwei lange Hasenohren.

3. Falte ein Ohr vorsichtig nach vorne und das andere nach hinten, so dass sie ein V bilden.

4. Miss 4 cm von dem anderen Ende des Streifens ab und schneide einen horizontalen Schlitz 0,5 cm breit in beide Seiten. Das wird der Hasenkörper.

5. Falte diese neu eingeschnittenen Abschnitte zur Mitte des Streifens hin, so wird der Hasenkörper stabiler.

6. Zeichne ein Hasengesicht in den mittleren Teil deines Fliegers – vergiss die Schnurrhärchen nicht! Male Pfoten und einen Puschelschwanz auf den Körper.

7. Wiederhole die Schritte mit den übrigen Papierstreifen, dann bekommst du eine ganze Hasenfamilie!

8. Teste aus, wie deine Papierhasen fliegen, indem du sie in die Luft wirfst. Sie sollten kreiselnd zu Boden segeln. Dann versuche es mal in der Nähe eines Ventilators oder nimm sie an einem windigen Tag mit nach draußen und schau, was passiert.
Vergiss nicht, die Papierhasen wieder einzusammeln!

Ein Lämmchen auf Wanderschaft

Der Frühling war nur zögerlich gekommen, mit Blättchen, die sich aus winzigen Knospen entfalteten. Dann brach Vogelgezwitscher den Bann des Winters, und nun raste die Jahreszeit dahin.

Peter hatte es eilig, zu sehen, was auf dem Bauernhof los war. Bei seinem letzten Besuch hatte es erst wenige neugeborene Lämmer gegeben, doch als er sich nun unter dem Zaun durchzwängte, begrüßten ihn ein Meer aus schwarzer und grauer Wolle und ein ganzer Chor von Geblöke.

Kep, der Collie, kam in großen Sätzen angelaufen.

Peter staunte. »Du meine Güte! So viele neue Lämmer!«

»Diese Herdwick-Schafe sind etwas ganz Besonderes«, erklärte Kep. »Sie kommen nur in diesem Teil der Welt vor, also müssen wir gut auf sie achtgeben. Es müssten insgesamt neunundzwanzig Lämmer sein«, sagte der Hund. »Möchtest du mir zählen helfen?«

»Au ja!«, rief Peter aufgeregt.

Aber Schafe zu zählen war schwieriger, als der kleine Hase erwartet hatte, da sie davonflitzten, wenn Peter zu nahe kam. Dann knubbelten sie sich an einer anderen Stelle des Felds, und er musste wieder von vorne anfangen.

»Sechsundzwanzig, siebenundzwanzig … achtundzwanzig. Ich muss eins übersehen haben!«

»Nein, ich glaube, du hast recht.« Kep schüttelte seinen struppigen Kopf. »Ich habe auch achtundzwanzig gezählt. Ein Lamm fehlt!«

Hinter einem nahen Brennnesselflecken wurden zwei Ohren gespitzt.

»Ein Lamm fehlt?«, raunte eine Stimme, als die beiden Freunde davongingen.

Herr Schnappeschlau, der Fuchs, war die ganze Nacht um den Bauernhof herumgeschlichen. Er war rastlos und hungrig. Dem Blöken so vieler junger Lämmer konnte er einfach nicht widerstehen.

»Armes kleines, verlorenes Lämmchen«, knurrte er. »Herr Schnappeschlau wird dich schon finden …«

Mit dem Rücken zum Feld reckte der Fuchs die Schnauze. Er schnupperte nach Westen und roch Laichkraut und Kaulquappen; er schnupperte nach Osten und roch Apfelblüten; dann schnupperte er nach Süden und lächelte. Im Süden konnte er ein verängstigtes kleines Lamm riechen. Herr Schnappeschlau verengte die Augen und schlich davon.

Zurück auf dem Feld hatte Peter etwas entdeckt.

»Kann ein Lamm durch dieses Loch im Zaun entwischt sein?«, fragte er Kep.

»Es ist gerade groß genug«, stimmte der Hund zu und schnüffelte am Loch. »Und da hat sich auch etwas Wolle in dem Ginsterbusch drüben auf der anderen Seite verfangen.«

»Überlass das mir«, rief Peter und schlüpfte mühelos durch das Loch.

Während er sich seinen Weg zwischen den Stechginstersträuchern hindurch suchte, begann Peter zu rufen.

»Hallloooo! Lämmchen?«

»Mäh«, kam von fern ein winziges Blöken.

Peter eilte tiefer in die Ginstersträucher.

»Määäh!« Da war es wieder!

Vorwärtsstolpernd fand Peter sich auf einmal am Rand eines felsigen Abhangs.

»Määäh!« Das Blöken kam von unten. Peter spähte hinab, aber er sah nur verwitterten grauen Fels. Die graue Wolle der Herdwick-Schafe war hier die perfekte Tarnung; er würde hinabklettern müssen, um richtig zu suchen.

»Halt aus, Lämmchen«, rief Peter. »Ich komme!«

Dann hastete er zurück zu Kep.

»Schnell! Hol ein Seil«, rief er seinem Freund zu. »Das Lamm ist ein paar Felsen hinuntergefallen!«

»Sofort!«, bellte der Collie und raste zur Scheune hinüber.

Peter lief zurück zu den Felsen und begann langsam hinunterzuklettern. Nach ein paar heiklen Sprüngen und etwas Klettern kam er unten an. Der kleine Hase suchte überall, doch es gab keine Spur von einem Lamm, und er fing an, sich Sorgen zu machen.

»Määh!« Plötzlich hörte er den Ruf des Lämmchens wieder, aber dieses Mal kam es von oben von den Felsen.

Peter schaute hinauf, und da stand Herr Schnappeschlau und winkte ihm zu!

»Hast du nach mir gesucht?«, rief der Fuchs. Dann, mit heller, piepsiger Stimme blökte er: »Määh! Ach wie rührend!«

Der kleine Hase war die ganze Zeit über Herrn Schnappschlau gefolgt – der ausgefuchste Fuchs hatte ihn überlistet!

»Ich darf mein Lämmchen nicht warten lassen«, feixte Herr Schnappeschlau. »So ganz allein in meinem Sack am Brennnesselfeld.«

»Meinst du diesen Sack?«, bellte eine Stimme hinter Herrn Schnappeschlau.

Kep, der Collie, trottete vor, einen leeren Sack im Maul. Herr Schnappeschlau machte vor Schreck einen Satz und strauchelte an der Felskante. Kep stürmte auf den Fuchs zu, der den Halt verlor und rückwärtstaumelte!

Bums! Wums! Plums! Abwärts purzelte Herr Schnappeschlau und landete mit einem Knirschen in einem stachligen Ginsterbusch.

Mittlerweile hatte Peter es geschafft, die Felsen wieder hinaufzuklettern.

»Unser verlorenes Lamm ist wieder sicher bei seiner Mama«, sagte der Hund beruhigend lächelnd und zog Peter an den Pfoten hoch.

»So ein Glück!« Peter seufzte. »Aber ich glaube, wir gehen besser und reparieren diesen Zaun, falls Herr Schnappeschlau noch mal auf dumme Gedanken kommt.«

Die beiden Freunde lachten, als sie zu der edlen Herdwick-Herde zurückgingen. Vom Fuß der Felsen konnten sie noch einen ziemlich fuchsigen Fuchs Stacheln aus seinem Schwanz picken hören.

»Autsch! Autsch! Autsch!«

Eine Herde Bommellämmchen

Beatrix Potter hatte ihre eigene Herde Herdwick-Schafe. Diese Tiere haben dicke graue Wolle, die sie wärmt, so dass sie oben in den Hügeln des Lake Districts während der rauen, schneereichen Winter überleben können. Hier kannst du dein eigenes Herdwick-Lämmchen basteln.

Das brauchst du:

- Ein Stück feste schwarze Pappe
- Schwarze Wolle
- Einen schwarzer Pfeifenreiniger, in zwei Hälften geschnitten
- Eine Schere
- Kleber
- Mal- und Bleistifte oder ein Paar Wackelaugen

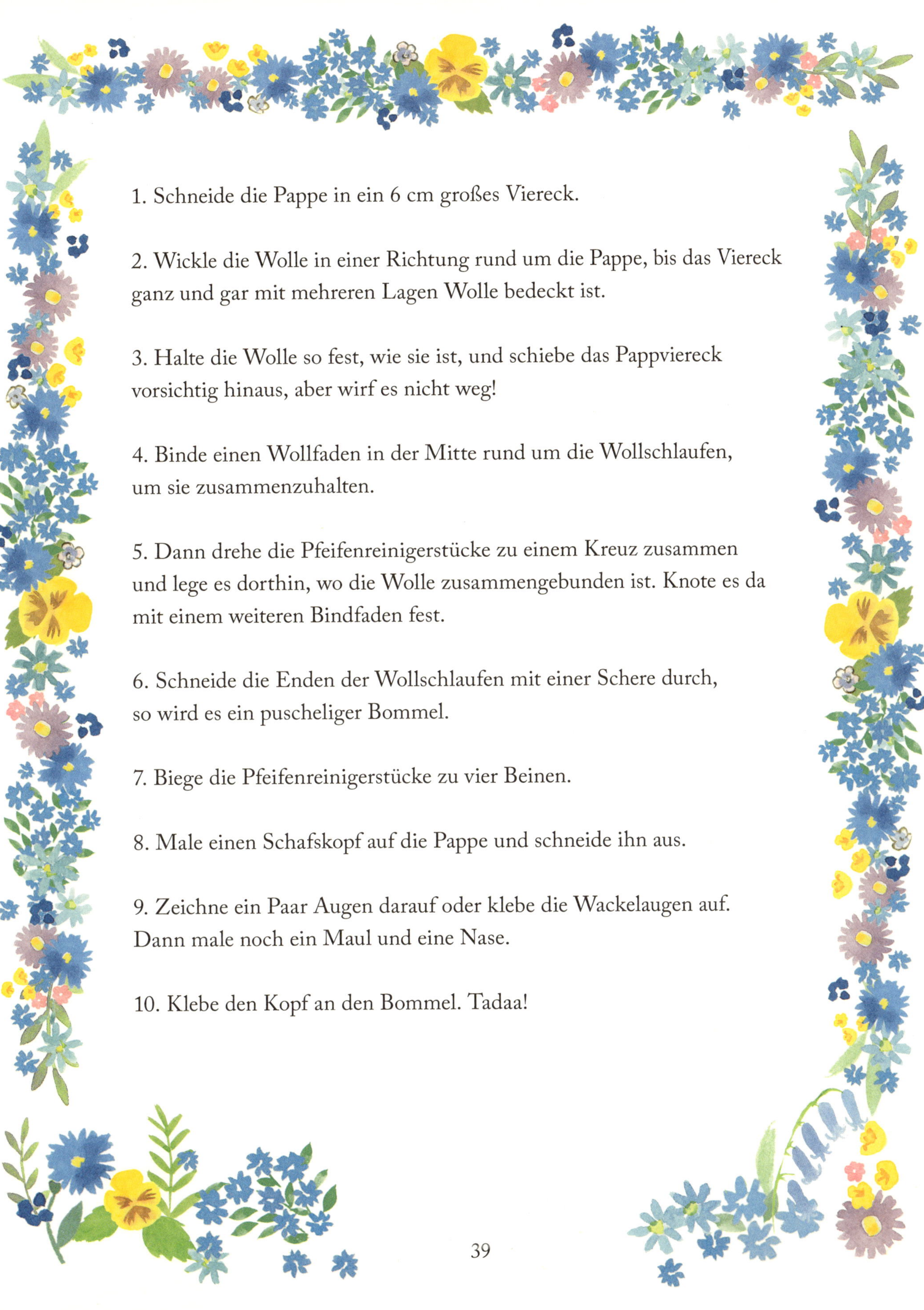

1. Schneide die Pappe in ein 6 cm großes Viereck.

2. Wickle die Wolle in einer Richtung rund um die Pappe, bis das Viereck ganz und gar mit mehreren Lagen Wolle bedeckt ist.

3. Halte die Wolle so fest, wie sie ist, und schiebe das Pappviereck vorsichtig hinaus, aber wirf es nicht weg!

4. Binde einen Wollfaden in der Mitte rund um die Wollschlaufen, um sie zusammenzuhalten.

5. Dann drehe die Pfeifenreinigerstücke zu einem Kreuz zusammen und lege es dorthin, wo die Wolle zusammengebunden ist. Knote es da mit einem weiteren Bindfaden fest.

6. Schneide die Enden der Wollschlaufen mit einer Schere durch, so wird es ein puscheliger Bommel.

7. Biege die Pfeifenreinigerstücke zu vier Beinen.

8. Male einen Schafskopf auf die Pappe und schneide ihn aus.

9. Zeichne ein Paar Augen darauf oder klebe die Wackelaugen auf. Dann male noch ein Maul und eine Nase.

10. Klebe den Kopf an den Bommel. Tadaa!

Sommer

Süße Sommerbeeren

Frühling war nun zu Sommer geworden. Grillen zirpten in der Morgenwärme, und von fern rief ein Kuckuck, als Peter und Benjamin ein fremdes Feld überquerten. Nach einem frühen Aufbruch waren die beiden Hasen nun weit weg von ihrem Hasenbau.

»Bist du sicher, dass dies der richtige Weg ist?«, schnaufte Benjamin.

»Ich glaub schon …«, antwortete Peter. »Ja, schau!« Er zeigte auf die Karte, die seine Mama ihm gezeichnet hatte. »Wir sind durch den Wald, und nun sind wir in dem Feld hier. Wir müssen jetzt der Hecke die ganze Strecke bis runter zum Fluss folgen und ihn dann über die Baumstammbrücke überqueren.«

Seine Mama hatte eine große rote Erdbeere gemalt, um ihr Ziel zu markieren.

»Keine Sorge!«, rief Peter, als er mit großen Sätzen weiterhopste. »Bis zum Abendbrot sind wir längst wieder zurück!«

Benjamin sah sich um und versuchte sich die markanten Stellen einzuprägen, falls sie sich verirrten.

»Warte auf mich!«, rief er und hoppelte seinem Cousin hinterher.

Bald darauf fiel das Feld steil ab, und die Hasen konnten voraus das Rauschen von fließendem Wasser hören.

»Wer zuerst am Fluss ist!«, rief Peter freudig, als er und Benjamin durch das saftige grüne Gras stürmten. Ehe sie sichs versahen, waren sie schon am Flussufer.

»Aber wo ist die Baumstammbrücke?«, wunderte sich Benjamin. «Sollte sie nicht hier sein?«

Peter blickte noch mal auf die Karte hinunter, dann hoch auf den rauschenden Fluss. Da waren Mulden auf jeder Seite des Flussufers, wo der Baumstamm gewesen war, aber die Brücke selbst war eindeutig fort.

»Wir könnten versuchen rüberzupaddeln«, schlug Peter vor.

»Es ist ein bisschen tief«, antwortete Benjamin, seine Pfote ins Wasser tauchend.

Peter beugte sich vor und schaute in die Strömung und versuchte, sich etwas auszudenken.

Plötzlich gab es ein *Platsch!* und einen großen Tumult flussaufwärts. Beide Hasen wandten sich dorthin.

»Hilfe! Hilfe!«, ertönte ein piepsiger Ruf, als ein brauner Fellball ihnen entgegenfegte.

»Das ist Timmy Willie«, rief Peter.

»Ich kann nicht schwimmen!«, prustete der Mäuserich, die Schnurrhaare gerade noch über Wasser.

»Was können wir tun?«, rief Benjamin, während er das Ufer absuchte nach irgendetwas, das er Timmy zuwerfen konnte.

»Da drüben!«, rief Peter und zeigte flussabwärts auf eine Trauerweide. Die Äste bogen sich über den Fluss, wie baumelnde Bänder aus hellgrünen Blättern hingen sie ins Wasser.

»Greif nach einem der Äste da vorn!«, rief Peter Timmy zu, als der Mäuserich an ihnen vorbeirauschte.

Die Hasen hoppelten am Ufer entlang und versuchten mit dem armen Timmy Schritt zu halten. Als sie den Baum erreichten, streckte der Mäuserich seine winzigen Pfoten aus und erhaschte einen der Äste.

»Hurra!«, jubelte Benjamin.

»Jetzt müssen wir ihn rausziehen«, sagte Peter. Er entdeckte einen abgefallenen Ast am Fuß des Baumes. »Hiermit müsste es gehen …«

Die beiden Hasen hoben den abgebrochenen Ast hoch und schoben ihn in die Strömung, doch er reichte nicht ganz bis zu Timmy.

»Ich werde hingehen!«, sagte Peter. »Halt den Ast in der Richtung!«

Sein Cousin verkeilte den Ast unter einem Felsbrocken am Ufer, während Peter langsam zu Timmy Willie hinüberkroch, der sich immer noch an dem Weidenzweig festklammerte. Der abgebrochene Ast war rutschig und nass, aber nach ein paar heiklen Momenten schaffte es Peter ans andere Ende.

Mit ausgestreckten Pfoten nahm der kleine Mäuserich seine letzte Kraft zusammen und hüpfte erst auf den Arm seines Retters, dann hoch auf seine Schultern. Vorsichtig balancierte Peter zurück zu Benjamin, und die beiden Hasen umarmten Timmy ganz fest.

Während der erschöpfte Mäuserich sich am Flussufer trocknete, teilten die Freunde ihren mitgebrachten Proviant miteinander. Peter erklärte Timmy Willie, dass sie den ganzen Weg gekommen waren, um wilde Erdbeeren zu pflücken.

»Ich auch!« Der kleine Mäuserich lachte. »Ein Wintersturm hat die Brücke weggerissen, also habe ich versucht, über die Trittsteine flussaufwärts rüberzukommen.«

»Kannst du uns das zeigen?«, fragte Peter, ganz aufgeregt bei dem Gedanken daran, endlich ans Ziel zu gelangen.

So schnell sie konnten, hoppelten die Hasen Timmy Willie hinterher, als er am Flussufer entlang zurückeilte

zu einer seichten Stelle in der Strömung, wo das Wasser über glatte, glänzende Steine schäumte und spritzte.

»Spring wieder auf meinen Rücken«, sagte Peter zu dem nervösen Mäuserich. Zusammen wankten alle drei Tiere vorsichtig über die nassen Steine, bis sie sicher ans andere Ufer gelangten.

»Endlich!«, rief Peter. »Wir haben's geschafft! Seht nur!«

Vor ihnen lag ein unebenes steiniges, von büscheligem Gras bewachsenes Feld. Und gesprenkelt war es mit Hunderten roten Erdbeeren! Distelfalter flatterten zwischen den Erdbeerpflanzen umher, als die drei Freunde zu pflücken begannen.

Nach einer Weile grinste Benjamin Peter zu, seine Schnurrhaare ganz verklebt von Erdbeersaft. Er lachte. »Es ist sehr wichtig, erst ein paar zu probieren, ehe wir sie mit nach Hause nehmen!«

Der Natur auf der Spur

Ganz egal, wo du lebst, es gibt ganz viel Natur vor Ort zu entdecken – also geh raus auf eine Erkundungstour!

Bäume

Sammle Blätter von so vielen verschiedenen Bäumen, wie du finden kannst, und versuche sie anhand ihrer Form und Größe zu bestimmen. Stammen die Blätter von immergrünen Bäumen, die ihre Blätter (oder Nadeln) das ganze Jahr über behalten, oder sind sie von sommergrünen Bäumen, die ihre Blätter im Herbst verlieren? Wie viele verschiedene Arten von Bäumen kannst du finden?

Vögel

Du kannst zu jeder Jahreszeit Vögel beobachten und brauchst nicht mal ein Fernglas dazu. Wie viele verschiedene Vogelarten leben in deiner Umgebung? Kannst du sie anhand ihrer Größe und Farbe bestimmen? Was machen sie so? Wenn möglich, beobachte, was sie fressen, und versuch, ihr Gezwitscher oder ihre Rufe zu beschreiben oder aufzunehmen.

Andere Tiere

Wilde Tiere können scheu und schwierig zu entdecken sein. Darum ist es manchmal einfacher, nach Anzeichen dafür zu suchen, wo sie gewesen sind. Haben sie irgendwelche Fährten oder andere Spuren hinterlassen? Vielleicht haben sie einen Zaun oder Baum angeknabbert. Manche Tiere sind eher in der Nacht aktiv, also ist die beste Zeit, sie zu sehen, abends, wenn es dunkel wird. Du musst ganz leise sein!

Beatrix Potter hat in ihre Tagebücher Bilder von den Pflanzen und Tieren ihrer Umgebung gezeichnet. So hat sie ihre Liebe zum Zeichnen entdeckt. Warum gestaltest du nicht ein eigenes Natur-Journal, in das alles hineinkommt, was du findest? Viel Glück beim Entdecken!

Die schlaue Biene Hummelbrummel

Die emsige Humberta Hummelbrummel war schon seit Morgengrauen auf. Sie hatte die meisten Pflanzen in Herrn Gregors Gemüsegarten besucht, von den Feuerbohnenblüten bis zu den samtigen Blüten der Kürbisgewächse, und nun war sie auf dem Heimweg. Als sie sich ihrem Bienenstock beim Obstgarten des Bauernhofs näherte, gesellten sich Honigbienen zu ihr.

»Bss, bss, bsss«, summten sie einander fröhlich zu.

Schwer mit Pollen beladen freuten sich die Bienen alle auf eine kurze Verschnaufpause im Bienenstock, bevor sie wieder lossausten, um noch mehr Blumen zu finden. Humberta hingegen würde nicht aufhören zu arbeiten, ehe es dunkel wurde.

»Honig«, murmelte Herr Schnappeschlau, als er zwischen den Bienenstöcken herumschlich. »Honig, Honig, Honig …«

Der Fuchs hatte ein paar Wochen mit Bauchschmerzen flachgelegen. Aber nun, da es ihm besser ging, fühlte Herr Schnappeschlau sich ganz ausgehungert! Und er schmachtete nach etwas Süßem; etwas, das ihm die Energie lieferte, wieder auf die Jagd zu gehen.

Humberta Hummelbrummel streifte die Spitze von Herrn Schnappeschlaus Fuchsschwanz, als sie heransummte, um auf dem Dach ihres hölzernen Bienenstocks zu landen. Sie krabbelte in die Dunkelheit unten hinein und war gleich umfangen von dem wohligen Summen Tausender anderer Honigbienen in emsigem Schwirren und Wirren ringsherum.

Herr Schnappeschlau legte seine Pfoten behutsam auf die Wand des Bienenstocks und lugte durch einen Spalt zwischen den Holzlatten. Drinnen konnte er ein Gewusel von winzigen hin und her krabbelnden Körpern ausmachen.

Humberta sah das goldene Fuchsauge zu ihr hereinblinzeln.

»Bss, bss, bsss«, summte sie und blickte böse zurück zu dem hungrigen Fuchs.

Auf die Hinterbeine gestellt, war Herr Schnappeschlau gerade dabei, den Deckel vom Bienenstock zu stupsen, als er eine Stimme hörte.

»Und hier leben die Bienen.«

Peter Hase hoppelte auf das Feld, gefolgt von Jemima Pratschel-Watschels Entenküken. Er betreute sie heute, damit ihre Mama sich mal ausruhen konnte.

»Was ihr zuallererst über Bienen wissen müsst«, erklärte Peter, »ist, dass sie sehr, sehr wichtig sind!«

Die Entenküken schienen daran gar nicht interessiert. Sie streunten immer wieder davon und pickten Grashalme.

»Bienen bestäuben die Blumen«, fuhr Peter fort, »so dass Obst und Gemüse wachsen können.«

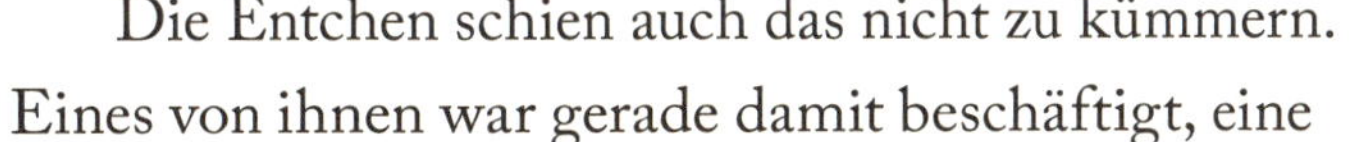

Die Entchen schien auch das nicht zu kümmern. Eines von ihnen war gerade damit beschäftigt, eine Fliege zu verschlucken.

»Quak! Quak! Quak!« Die anderen Entchen wollten auch Fliegen haben.

»Quak?«, flüsterte Herr Schnappeschlau, während er sich flach auf den Boden presste. »Eins, zwei, drei … vier kleine Entchen und ein Hase!« Er lächelte und spähte zwischen den Füßen des Bienenstocks hindurch. »Wie süß!« Er leckte sich die Lippen.

Hinter den Bienenstock kriechend, starrte der Fuchs auf sein neu entdecktes Mittagessen.

»Ooooh!«, sagte Peter. Eine Biene war auf seinem Kopf gelandet!

Vorsichtig beugte sich der Hase vor, so dass Jemimas Küken sie besser sehen konnten. Alle drängten sich um ihn und schauten zu, wie die Biene ihre glänzenden schwarzen Augen mit ihren beiden Vorderbeinen rieb.

»Bss, bss, bsss!« Humberta Hummelbrummel summte eindringlich, während sie auf Peters Nase krabbelte. *»Bss! Bss! Bsss!«*

»Ist sie nicht wunderschön?«, flüsterte Peter. Er hatte die Warnung der kleinen Biene nicht verstanden!

Eins von Jemimas Küken versuchte, Humberta aufzupicken.

Peter schnappte nach Luft. »Ihr sollt die Biene nur anschauen!«

Humberta flog davon. Peter atmete tief durch und versuchte, nicht sauer zu werden.

Im Versteck hinter dem Bienenstock machte sich Herr Schnappeschlau zum Sprung bereit.

»Welches Entchen soll ich zuerst verspeisen?«, fragte sich der Fuchs und musterte die flauschigen Tierchen von oben bis unten. »Oder vielleicht … geschmorten Hasen?«

Seine Gedanken wurden von einem lautstarken Summen über ihm unterbrochen. Da sauste Humberta Hummelbrummel heraus, gefolgt von einer riesigen Wolke wilder summender Bienen. Sie steuerten schnurstracks auf den ahnungslosen Herrn Schnappeschlau zu!

»Alle zurück!«, rief Peter. »Manchmal sammeln sich Bienen im Schwarm, wenn sie ausziehen, um eine neue Behausung zu suchen …«

Wie eine Rakete schoss Herr Schnappeschlau an Peter und den vier nichtsahnenden Entenküken vorbei.

Peter keuchte. »Was in aller Welt …?«

Humberta und ihre Freundinnen waren dem Fuchs dicht auf den Fersen, als sie ihn vom Feld jagten.

»Bss! Bss! Bssss!«, summten die Bienen.

»NEIN! NEIN! NEEEIIIN!«, jaulte Herr Schnappeschlau, während er außer Sichtweite verschwand.

»Was ihr sonst noch über Bienen wissen solltet«, erzählte Peter Jemimas Entenküken, »ist, dass sie stechen können, wenn sie gereizt werden!«

Die Entchen schauten einander aufgeregt an. Dann fingen sie an, ringsherum in Kreisen zu watscheln, ihre Flügelchen ausgestreckt, als wären sie Bienen.

Peter lachte. »Kommt mit! Ich glaube, wir gehen besser nach Hause und finden eure Mama, ehe Herr Schnappeschlau noch beschließt zurückzukommen!«

Ein Insektenhotel im Garten

Insekten jeder Art brauchen einen warmen, trockenen Platz zum Leben. Du kannst ihnen helfen, indem du ihnen im Garten oder auf dem Balkon ein Insektenhotel baust.

Lass dir von jemand Erwachsenes dabei helfen.

Das brauchst du:

- Eine alte saubere Plastikflasche, in zwei Hälften geschnitten (lass dir von einer erwachsenen Person beim Durchschneiden helfen). Du kannst auch dicke Pappröhren verwenden.
- Eine Sammlung Stöcke, Zweige, trockene Blätter, zerrissenes Papier oder Kiefernzapfen.

1. Fülle die Flaschenhälften oder Pappröhren mit einer Mischung von den gesammelten Stöcken, Zweigen, Blättern, zerrissenem Papier oder Kiefernzapfen.

2. Staple die Flaschen oder Röhren draußen an einer geschützten Stelle. Wichtig ist, dass die Röhren und alles darin so trocken wie möglich bleiben.

3. Nicht stören! Alle Sorten Krabbeltierchen werden dankbar sein für einen gemütlichen Platz zum Schlafen – also weck sie nicht auf!

Purzelnde Tomaten

»Los, spring!«, rief Peter ermutigend. »Du schaffst das!«

Benjamin hockte oben auf der Gartenmauer von Herrn Gregor und schaute hinunter auf den Komposthaufen, auf dem sich frischer Grasschnitt stapelte.

»Bist du da sicher?«, fragte Benjamin nervös.

»Ja«, zischte Peter von dem Haufen. »Es gibt keinen anderen Weg hinein!«

Herr Gregor hatte den Morgen damit verbracht, Hasendraht über den Spalt unter seinem Gartentor zu nageln, also waren die Hasen nun gezwungen, einen neuen Eingang zu finden. Aber auf der Rückseite des Gartens hatte Peter dicke Ranken glänzenden grünen Efeus entdeckt, die ideal zum Klettern waren.

Tief einatmend schloss Benjamin die Augen und sprang … und landete bequem unten auf der weichen Matte aus Gras.

»Hab ich doch gesagt«, sagte Peter kichernd. »Komm schon, gehen wir!«

Auf leisen Hasenpfoten in den Garten schleichend, krochen sie zwischen Reihen mit kräftigen grünen Kohlköpfen und Büscheln von Karottengrün hindurch.

»Können wir nicht nur schnell etwas knabbern?«, fragte Benjamin.

»Heute nicht«, sagte Peter. »Das, was wir wollen, ist dort drin!« Er deutete auf Herrn Gregors Gewächshaus.

Vorsichtig öffnete Peter die Gewächshaustür, und die beiden Hasen schlüpften hinein.

»Puh, ist das heiß hier drin!«, beschwerte sich Benjamin und wischte sich die Stirn.

»Das muss so sein«, erklärte Peter, »damit die hier gut wachsen …« Und er deutete ringsum sich auf die üppigen blattreichen Stängel von Herrn Gregors Tomatenpflanzen.

Die Pflanzen türmten sich hoch über die langen Ohren der Hasen, fast bis zum Glas im Dach hinauf.

Die beiden Hasenvettern begannen rasch, die Tomaten von ihren Stauden zu pflücken. Benjamin hatte seinen Jutesack mitgebracht, und schon bald beulte der sich zu allen Seiten hin aus.

»Ich glaub nicht, dass wir noch viel mehr tragen können«, warnte Benjamin, als er den Sack vom Boden hochhob.

»Zeit, sich vom Acker zu machen«, sagte Peter lachend. Er drückte gegen die Gewächshaustür, um zu verschwinden, aber sie rührte sich nicht.
Er drückte stärker, doch die Tür saß eindeutig fest.

»Was ist los?«, fragte Benjamin.

Peter wischte über das beschlagene Glas und linste nach draußen. Was er sah, ließ ihn das Fell zu Berge stehen. Die Katze von Herrn Gregor!

»Wir sitzen in der Falle!«, flüsterte Benjamin, nachdem er seinen Cousin beiseitegestupst hatte, um selbst nachzusehen. »Wie kommen wir hier raus? Das ist die einzige Tür!«

Peter, der sich nie so leicht geschlagen gab, schaute sich um. Sein Blick wanderte die Tomatenpflanzen hinauf zum Gewächshausdach, wo es eine Reihe kleiner, offener Fenster gab. Er grinste und zwinkerte seinem Cousin zu.

»Nein!« Benjamin sah entsetzt aus, als ihm klarwurde, was Peter vorhatte.

Aber Peter hievte sich schon den Sack Tomaten auf die Schulter. Dann begann er eine stämmig aussehende Pflanze hinaufzuklettern. In nur ein paar Sekunden war er oben und winkte Benjamin zu.

Langsam begann Benjamin, Peter hinterherzuklettern. Der kleine Hase kam gut voran und hatte schon den halben Weg nach oben geschafft, als er ein Knarren hörte. Die Katze steckte ihre Nase zur Tür herein! Langsam schob sie sich ins Gewächshaus.

Benjamin erstarrte, als die Katze unter ihnen entlangschritt. Sie schien die Hasen gar nicht bemerkt zu haben.

Schau nicht hoch! Schau nicht hoch!, dachte der erschrockene Hase … gerade als die Katze ihren Kopf hob!

»Los!«, schrie Peter, und Benjamin schoss die Pflanze so schnell hinauf, dass er seinen Freund beinahe durch das offene Fenster im Dach katapultiert hätte.

Die Katze machte einen großen Satz zu ihnen, doch sie verfehlte Benjamins Puschelschwanz und purzelte rückwärts durch die Blätter nach unten auf den Boden.

Flitsch, flatsch, flatsch! Drei runde matschige Tomaten fielen von der Pflanze, platschten auf die benommene Katze und färbten das Fell auf ihrem Kopf rot wie Tomatensoße.

Peter sah den Salat und kicherte schelmisch.

Die Hasen waren nun auf dem abfallenden Dach des Gewächshauses. Benjamin hatte seine Augen fest zugekniffen. Aber sie hatten keine Zeit, anzuhalten und nachzudenken, also schlitterten sie Pfote in Pfote zusammen hinunter … schneller und schneller!

»Hilfe!«, jaulte Benjamin, als sie über den Rand des Dachs schossen und durch die Luft segelten – und sanft in den riesigen weichen Blättern eines Rhabarberbeets landeten.

In Nullkommanichts waren die Hasen zurück auf dem Komposthaufen und kletterten über die efeubedeckte Mauer.

»Irgendeine Spur von der Katze?«, japste Benjamin, als sie oben auf der Mauer einen Blick zurückwarfen.

Peter schüttelte den Kopf.

»Vielleicht ist sie nach Hause für eine Katzenwäsche – sie sah ein bisschen rot aus im Gesicht!«

Verrücktes Gemüseraten

Tomaten kommen ursprünglich aus Mittel- und Südamerika, doch heutzutage werden sie auf der ganzen Welt angebaut. Jedes Jahr im August veranstaltet die spanische Stadt Buñol das sogenannte »Tomatina«-Fest, bei dem sich die Leute zum Spaß gegenseitig mit matschigen, überreifen Tomaten bewerfen. An so einem Tag sollte die Katze von Herrn Gregor lieber in Deckung gehen! Probier doch mal dieses verrückte Gemüsespiel aus (keine Sorge, hier wird nichts zermatscht!).

Das brauchst du:

* Eine Auswahl an Obst und Gemüse auf einem Tablett
* Eine Decke oder ein Handtuch

Eine Person aus deiner Familie oder von deinen Freunden und Freundinnen soll verschiedenes Obst und Gemüse mit einem großen Handtuch oder einer Decke verhüllen. Mach die Augen zu, so dass du nicht sehen kannst, was ausgesucht wurde. Dann schau, ob du nur mit Hilfe deiner Hände herausfinden kannst, was es für Obst und Gemüse ist. Taste, wie groß es ist, welche Form es hat und wie es sich anfühlt.

Am Ende schau dir alle Früchte und Gemüsesorten gut an und versuch sie dir zu merken. Schließe die Augen, während die anderen Mitspielenden das Obst und Gemüse mischen und dann eins davon wegnehmen. Mach die Augen auf. Errätst du, welches fehlt?

Jetzt bist du an der Reihe, ein weiteres Stück wegzunehmen, während die anderen Mitspielenden die Augen schließen. Die erste Person, die dreimal richtig geraten hat, gewinnt!

Besuch am Picknickplatz

Flopsi, Mopsi und Wuschelpuschel waren außer Puste, und ihnen war heiß. Als sie den Hügel zu ihrem Picknickplatz hinaufkletterten, brannte die Sonne auf ihre Ohren nieder.

»Ich hab Durst!«, jammerte Mopsi.

»Warum haben wir so viel mitgenommen?«, murrte Flopsi. Ihre Hasenschwestern und sie trugen jede einen Beutel mit Brötchen und Kuchen.

»Nicht mehr weit jetzt!«, schnaufte ihre Mama. »Und die Jungs sind schon da. Seht!«

Oben voraus stand die alte Eiche. Peter und Benjamin breiteten eine leuchtend bunte Picknickdecke unter ihren willkommenen schattenspendenden Ästen aus. Zwischen ihnen stand ein großer Picknickkorb, den sie den Hügel hinaufgeschleppt hatten.

»Das ist genau der Ort zum Wolkenbeobachten«, sagte Peter vergnügt. Er warf sich auf die Decke und lag flach auf dem Rücken.

Benjamin kicherte und zeigte auf eine fuchsförmige Wolke hoch über ihren Köpfen. »Hilfe! Da ist Herr Schnappeschlau!«

»Herr Schnappeschlau! Wo?«, rief Wuschelpuschel erschrocken, als sie die Decke erreichte und ihr Bündel mit zusammengerollten Servietten fallen ließ.

»Dieser Herr Schnappschlau kann uns nichts tun«, sagte Peter lächelnd. »Siehst du? Er verschwindet schon …« Oben im sommerblauen Himmel begann die Herr-Schnappeschlau-Wolke zu verschwimmen und auseinanderzudriften.

Flopsi und Mopsi ließen sich in einem Knäuel neben Wuschelpuschel fallen und seufzten tief auf vor Erleichterung.

»Bitte gieß uns allen etwas Wasser ein, Peter!«, japste Mama Hase. »Ich glaube, wir brauchen erst etwas zu trinken vor dem Essen.« Sie setzte sich neben ihren Kindern hin.

»Schau dort oben, Mama!«, sagte Flopsi. »Herr Schnappeschlau wird zu einer Pastinake!«

»Nein, warte!«, kicherte Mopsi. »Er ist keine Pastinake, er ist Dagobert Dax!«

»Hört auf!«, quiekte Wuschelpuschel und kniff die Augen zu.

»Na, na«, sagte ihre Mama beschwichtigend. »Ich glaube nicht, dass wir hier oben vor Dagobert Dax, Herrn Schnappeschlau oder sonst wem Angst haben müssen.«

Doch was die Hasen nicht wussten, war, dass schon längst ein ungebetener Gast an ihrem Picknickplatz war. Von tief innen im Baumstamm hörte Samuel Schnauzbart das gedämpfte Schwatzen der Hasen. Er hielt sich schon den ganzen Morgen dort versteckt, nachdem eine furchterregende Bauernhofkatze ihn den halben Weg den Hügel hinaufgejagt hatte. Aber nun saß der alte Rattenmann hier mitten im Nirgendwo … und sein Magen begann zu knurren.

Er steckte den Schnauzbart aus einem Loch in der Seite des knorrigen alten Baumstamms und schaute auf die Hasen hinunter. Dann entdeckte er den Picknickkorb, und seine Nasenspitze fing an zu zucken.

»Mmmh, Essen!« Er kicherte in sich hinein. »Gut so. Ruht euch ein Weilchen aus, kleine Hasen, während ich mich an eurem Mittagessen bediene!«

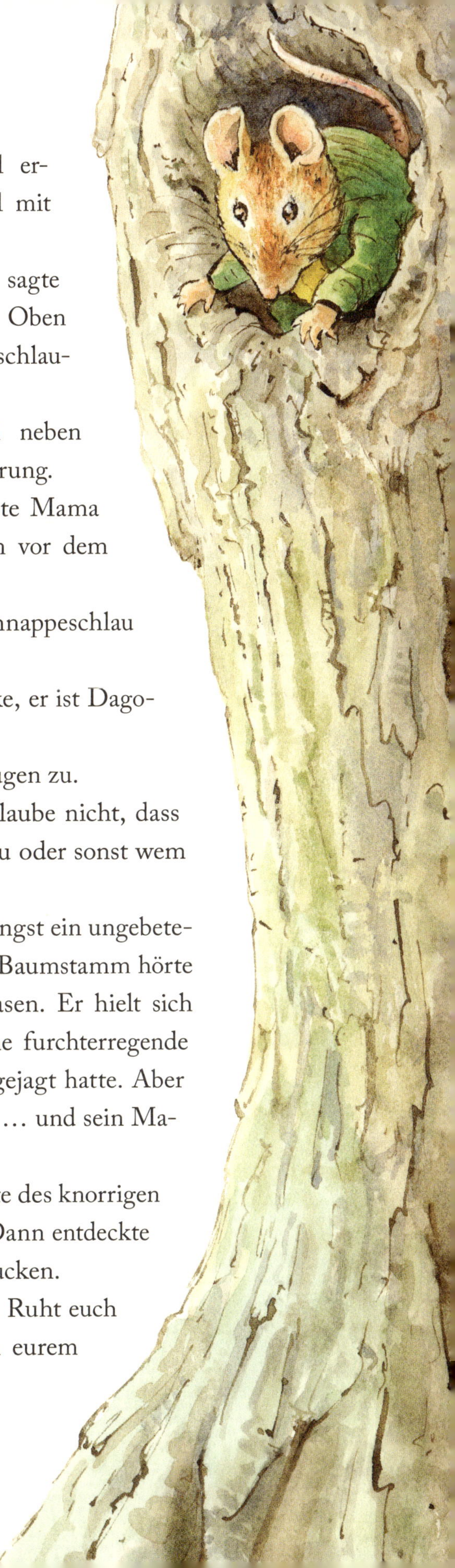

Langsam kroch Samuel Schnauzbart aus seinem Versteck und schlich auf leisen Rattenpfoten über die Wiese zu dem Picknickkorb.

Dort angekommen schob der Ratz den Deckel nur einen Spaltbreit auf und lugte kurz hinein. Was er sah, ließ ihm das Wasser im Mund zusammenlaufen! Es gab Gläser mit Marmelade und Honig; Radieschen und Salat, frisch aus Herrn Gregors Garten; eine Schale mit Brombeeren und einen köstlichen Erdbeerkuchen.

»Ein Fest!«, wisperte Samuel Schnauzbart. Er musste sich mit Mühe davon abhalten, ein Freudentänzchen zu machen

Der Rattenmann war drauf und dran, in den Korb zu klettern, als er eine Hasenstimme hörte:

»Guckt mal! Da ist Samuel Schnauzbart!«

Peter zeigte auf eine neue Wolke am Himmel, aber da sich Samuel hinter dem Picknickkorb versteckte, konnte er das nicht sehen.

Der Ratz erstarrte. Wie konnten diese Hasen ihn entdeckt haben? Er war doch so leise und vorsichtig gewesen!

»Der alte Schnauzbart sollte sich besser vorsehen«, sagte Benjamin mit einem Lachen und zeigte auf eine andere Wolke, »dort kommt eine große Katze!«

»Ich wette, so eine riesige Katze könnte eine Ratte wie Samuel Schnauzbart mit einem Haps verschlingen!«, ließ Peter verlauten.

Samuel Schnauzbarts Knopfaugen weiteten sich vor Schreck. Vielleicht hatte die Katze von heute Morgen schließlich doch seine Spur erschnuppert!

»Sie kommt näher«, rief Benjamin. »Gleich schlägt sie zu!«

»Zeit zum Rückzug«, wisperte Samuel. Er schloss die Augen, holte tief Luft und wetzte ratzfatz zurück in die Sicherheit der Höhle im Eichenstamm.

Oben am Himmel drifteten die Rattenwolke und die Katzenwolke langsam aufeinander zu und bildeten eine neue Gestalt: ein riesengroßes Stück Käse.

»Wer möchte gern ein Käsebrot?«, fragte Mama Hase.

Die kleinen Hasen hoben alle sofort die Pfoten hoch. Peter und Benjamin öffneten den Weidenkorb, und es gab ein leckeres Mittagessen. Dabei beobachteten sie immer noch die Wolken über sich.

In der Baumhöhle schmollte Samuel Schnauzbart vor sich hin. Er verbrachte den Nachmittag im Dunkeln und lauschte seinem knurrenden Magen. Erst als die Hasen zusammengepackt hatten und den Hügel hinab nach Hause hoppelten, traute der Ratz sich aus seinem Versteck.

Dann, nachdem er ein paar karge Krümel, die die Hasen hinterlassen hatten, erschnuppert hatte, huschte er nach Hause – hungrig, aber sicher!

Weiche weiße Wattewölkchen

Verschiedene Figuren in Wolken zu erkennen macht riesig Spaß!
Welche Wolkenformen siehst du am Himmel?

Zirruswolken oder Federwolken

Ihr Name kommt vom lateinischen Wort »cirrus« für »Haarlocke«. Diese Wolken sehen dünn und zart aus (wie Federn). Sie sind aus Eiskristallen gebildet, nicht aus Wassertröpfchen, und schweben in großer Höhe in der Erdatmosphäre.

Nimbostratuswolken, die Regenfront

Das Wort »nimbus« bedeutet im Lateinischen »regnerische Wolke«. Und wie der Name schon sagt, bringen diese Wolken Regenschauer.

Cumuluswolken – Haufen- oder Quellwolken

Cumuluswolken sehen aus wie fluffige Wattebäusche oder Blumenkohl. Sind sie weiß, bleibt es wahrscheinlich trocken. Graue Quellwolken bedeuten jedoch, dass du in einen Schauer geraten kannst.

Stratuswolken – Schichtwolken

Wenn sie sich manchmal Tausende Kilometer über den Himmel erstrecken, sehen Schichtwolken aus wie eine riesige flauschige Decke! Bilden sie sich in Bodennähe, dann entsteht Nebel.

Sommer-Eis

Peter wachte früh auf. Die Sonne stand noch nicht hoch am Himmel, aber es war schon sehr warm.

»Peter!«, rief seine Mama aus der Küche. »Frau Tiggy-Wiggel hat uns gebeten, für die Sommerspiele am Samstag Getränke zu machen.«

»Kann ich mithelfen?«, fragte Mopsi, noch ein bisschen dösig.

»Ich auch!«, rief Wuschelpuschel und rieb sich die Augen.

»Ihr könnt *alle* gern mithelfen«, sagte ihre Mama mit einem Lachen, während sie die Küchenschränke durchstöberte. »Aber zuerst brauchen wir ein paar Zutaten.«

»Was machen wir denn?«, fragte Flopsi.

»Etwas erfrischende Limonade«, antwortete Mama Hase. »Wenn das Wetter so heiß bleibt, müssen wir für etwas Abkühlung für alle sorgen.«

»Ich kann in den Laden von Curry & Kappes gehen«, bot Peter an.

»Danke«, sagte seine Mama, während sie die Waage abwischte. «Wir haben nicht genügend Zucker. Und natürlich brauchen wir Zitronen.«

»Zucker und Zitronen«, wiederholte Peter, als er loshoppelte.

Draußen knallte die Sonne schon herunter, und der kleine Hase lief im Zickzackkurs in jeden Schattenflecken, den er auf dem Pfad finden konnte.

»Wieder ein warmer Morgen«, sagte Kappes, als Peter in den Krämerladen des Hundes trat.

»Hoffentlich kühlt es morgen ein bisschen ab«, fügte Curry, die Katze, von hinter dem Verkaufstresen hinzu.

Peter nickte zustimmend und fragte nach den fehlenden Zutaten.

»Wir machen Limonade für die Sommerspiele«, erklärte er.

»Du hast Glück«, sagte Curry lächelnd. «Wir haben gerade erst eine Lieferung Früchte erhalten. Ich bin gleich zurück.«

»Das Wichtigste, woran man bei Limonade denken muss«, erklärte Kappes, während er den Zucker für Peter abwog, »ist Eis. Limonade muss kalt sein!«

»Aber woher bekomme ich mitten im Sommer Eis?«, fragte Peter.

»Tut mir leid«, Kappes schüttelte den Kopf, »ich habe keine Ahnung, Kleiner.«

Curry wuselte zurück aus den hinteren Ladenräumen und ließ ein paar Zitronen in eine Papiertüte kullern. Dann winkte Peter zum Abschied und machte sich auf den Heimweg durch die drückende Mittagshitze.

Am Nachmittag machten die Hasen alle zusammen Limonade. Mama Hase schnitt die Zitronen in zwei Hälften, Flopsi und Mopsi pressten den Saft aus, dann goss Peter Wasser dazu, und Wuschelpuschel fügte etwas Zucker hinzu.

»Nicht zu viel, Wuschelpuschel«, warnte ihre Mama.

Bald schon standen fünf große Krüge Limonade auf dem Tisch, und Mama Hase goss ihnen allen ein Glas als Belohnung für ihre Hilfe ein.

»Mmh, lecker!«, rief Wuschelpuschel, als sie sich den Mund mit der Rückseite ihrer Pfote wischte.

»Aber wie sollen wir sie kühl halten?«, fragte Peter. »Kappes hat mir gesagt, dass sie wirklich kalt sein muss.«

Die Hasen dachten alle angestrengt darüber nach und schüttelten dann nacheinander die Köpfe. Dann, als er seine Angelrute in der Ecke sah, hatte Peter eine Idee …

Die Luft war immer noch heiß wie in einem Backofen, als der aufgeregte Hase unterwegs durch den schattigen Wald war. Es würde zwar etwas länger dauern, den Teich auf diesem Weg zu erreichen, doch er war sehr froh, hier im Schatten zu sein.

Als Peter den Teich erreichte, fand er Jeremias Quaddel in einem Liegestuhl schlummernd am Ufer.

Peter schlich auf Hasenpfotenspitzen zu seinem schnarchenden Freund und tippte leicht an einen der Schwimmfüße des Froschs.

»Hilfe! Ein Hecht!«, quakte Jeremias Quaddel und machte einen Satz in die Luft.

Peter lachte. »Nein, bloß ein Hase!«

»Oh, Peter«, sagte der Frosch, kichernd. »Ich habe so ein schönes Nickerchen gemacht!«

»Tut mir leid, Sie zu wecken«, sagte der kleine Hase, »aber Sie sind unsere letzte Hoffnung.«

»Letzte Hoffnung, häh?«, quakte Herr Quaddel und wischte sich bedeutsam über die Stirn.

»Wir müssen unsere Limonade für die Sommerspiele kaltstellen«, erklärte Peter. »Sie sind doch ein Experte in Sachen Wasser, also dachte ich, Sie wissen vielleicht, wo wir in dieser Jahreszeit Eis herbekommen …«

»Komm mit«, sagte Jeremias Quaddel und winkte Peter in sein Haus.

Peter folgte dem Frosch durch den feuchten Flur in den Keller.

Herr Quaddel öffnete eine Tür auf der Rückseite und nahm Peter noch ein paar Stufen mit nach unten. Hier fühlte es sich viel kühler an. Die Wände ringsherum waren aus Fels gehauen. Schließlich erreichten sie einen kalten, höhlenartigen Raum, in dem eine große Holztruhe stand.

»Ich lege mir im Winter, wenn der Teich zufriert, immer einen Vorrat an«, erklärte der Frosch, als er die Truhe öffnete. Peter schnappte vor Staunen nach Luft.

Die Truhe war randvoll mit Eis!

«Komm Samstagmorgen vor den Sommerspielen wieder und nimm so viel, wie du brauchst«, sagte Peters Freund strahlend. »Solange ich als Erster ein Glas von eurer Limonade zum Probieren bekomme!«

Lecker Limo!

Lass dir dabei von jemand Erwachsenes helfen.

Das brauchst du:

- Sechs ausgepresste Zitronen
- Eine große Kanne
- Einen Löffel zum Umrühren
- 70 g Streuzucker
- 1 Liter kaltes Wasser

1. Presse die Zitronen aus und fülle den Saft in eine große Kanne. Fische alle Kerne aus dem Saft raus.

2. Rühre den Zucker hinein, bis er sich auflöst.

3. Dann füge das Wasser hinzu und rühre die Mischung noch mal gut um.

4. Denk an Kappes' Ratschlag und serviere die Limo mit viel Eis!

Probiere unterschiedliche Mengen von Zucker und Zitronen aus, falls die Limo zu süß oder sauer ist.

Die großen Sommerspiele

Als der Tag der Sommerspiele endlich da war, war es immer noch warm und sonnig, doch eine frische Brise hatte die schwüle Luft fortgeweht. Die Hasenfamilie summte eine fröhliche Melodie, als sie zusammen zur Auenwiese hinunterzogen, wo die Spiele stattfanden. Mama Hase trug einen großen Korb mit den Limonadenkannen, die sie ein paar Tage zuvor gemacht hatten.

»Macht langsamer!«, rief sie, als die Hasenkinder vorausstürmten.

»Ich werde Erste beim Eier-Löffellauf«, rief Wuschelpuschel, wobei sie voraushüpfte und einen unsichtbaren Löffel vor sich ausstreckte.

»Tja, du nimmst aber keins von meinen Eiern!«, gackerte Putput Henny-Penny pikiert, als die Hasen an einem wirren Haufen langsam watschelnder Küken vorbeihoppelten.

Flopsi und Mopsi nahmen am Dreibeinrennen teil und hatten darauf bestanden, seit dem Frühstück ihre Füße zusammengebunden zu haben. Mittlerweile waren sie so sehr daran gewöhnt, Pfote in Pfote herumzulaufen, dass Peter sicher war, dass sie gute Chancen hatten zu gewinnen.

Benjamin hatte ihn letztes Jahr fast beim Sackhüpfen geschlagen, und diesmal war Peter fest entschlossen zu gewinnen. Er hatte so viel geübt, dass seine Mama ihn letzte Nacht sogar im Schlaf hatte hüpfen sehen!

Als die Hasenfamilie die mit bunten Wimpeln geschmückte Wiese erreichte, herrschte dort bereits ein reges Treiben von schwatzenden Tieren. Während ihre Mama die Limonade ablieferte, hoppelten die Hasenkinder los, um ihre Freundinnen und Freunde zu suchen.

Peter fand Benjamin dabei, wie er Eichhörnchen Nusper mit einigen Weidenreifen half.

»Dieses Jahr schlage ich dich!«, grinste Peter und wedelte mit einem Sack vor Benjamins Schnurrhaaren.

»Keine Chance!«, sagte sein Cousin lachend. Auch er hatte einen Großteil der Woche mit Üben verbracht.

»Na, na, keinen Streit, ihr zwei!«, lächelte Eichhörnchen Nusper. »Schaut ihr mir beim Werfen zu?«

»MOIN, ALLE MITEINANDER! BITTE BEGEBT EUCH ZUM HAUPTFELD FÜR DEN ERSTEN WETTKAMPF!« Jeremias Quaddel quakte durch ein Megaphon aus einem zusammengerollten Blatt. »RINGWERFEN!«

Eichhörnchen Nusper ging, um seinen Platz in einer Gruppe Eichhörnchen auf dem Feld einzunehmen. Jedes von ihnen konnte ausgezeichnet werfen, aber Nusper übertraf sie alle. Alle klatschten, als Nusper, der Sieger, sich tief verneigte.

»ZEIT FÜR DEN STAFFELLAUF!«, kam die nächste Ankündigung.

Und so ging der Tag weiter.

Peter und Benjamin feuerten Flopsi und Mopsi an, als sie an Mäusen, Wühlmäusen und einem beherzten Paar Gänsen vorbeizogen und das Dreibeinrennen mit Leichtigkeit gewannen. Und alle lachten und klatschten, als Wuschelpuschel als Erste mit einem echten Ei auf dem Löffel über die Ziellinie lief.

»Gut gemacht, meine Häschen!«, rief ihre Mama.

Im Erfrischungszelt herrschte reger Trubel, und die Limonade der Hasen war bald ausgetrunken. Allerdings nicht, bevor Peter nicht das erste Glas Jeremias Quaddel eingeschenkt hatte – samt drei Eiswürfeln, die obendrauf schwammen.

»Danke, Peter!«, lächelte der Frosch, ehe er hastig das Getränk schlürfte.

»UND NUN«, verkündete er mit einem kieksenden Schluckauf. »*HICKS! UPS!* 'TSCHULDIGUNG! NUN IST ES ZEIT FÜR … DAS SACKHÜPFEN!«

Peter und Benjamin schüttelten einander die Pfoten an der Startlinie, und beim Anpfiff stoben sie los!

Beide Hasen legten einen guten Start hin, aber Benjamin übernahm früh die Führung. Peter torkelte zwischen Herrn Quappe und Curry, und er schloss bald zu seinem Cousin auf.

Die Menge begann zu rufen. Die Ziellinie kam immer näher!

»Vorwärts, Peter!«

»Vorwärts, Benjamin!«

Plötzlich fiel Benjamin hin! Als er an ihm vorbeihopste, drehte Peter sich zu seinem Cousin um, der der Länge nach im Gras lag. Benjamin war über einen Reifen gestolpert, der mitten auf der Bahn liegengelassen worden war!

Obwohl nur einen Hasensprung vom Ziel entfernt, dachte Peter, dass es nicht fair wäre, einen Wettlauf auf diese Weise zu gewinnen. Also wandte er sich um und half seinem Cousin auf. Benjamin lächelte ihn dankbar an. Dann überquerten die beiden Hasen die Ziellinie Pfote in Pfote gemeinsam.

»EIN UNENTSCHIEDEN!«, rief Jeremias Quaddel. »ERSTAUNLICH!«

Später an diesem Nachmittag war die Hasenfamilie müde, aber glücklich. Sie saßen zusammen, tranken Wasser und mümmelten Brötchen. Was für ein Tag!

»Sitzt hier nicht einfach so rum«, rief Eichhörnchen Nusper. »Es ist Zeit für das letzte Spiel!«

»TAUZIEHEN!«, quakte Jeremias Quaddel. »UND DIESMAL MACHE ICH AUCH MIT!«

Alle Tiere fanden einen Platz an dem einen oder anderen Ende eines dicken Taus.

Nach einigem Hin und Her und mehreren kurzen, scharfen Pfiffen aus der Pfeife, rief Jemima Pratschel-Watschel: »HEBT AN!«

Es gab jede Menge Ächzen und Krächzen, als die Tiere erst in die eine und dann zurück in die andere Richtung schwankten. Beide Seiten zeigten sich gleich stark, bis Schweinchen Softie den Halt verlor und ausrutschte! Hinter dem Schwein purzelten alle durcheinander, als die andere Seite dann den entscheidenden, siegbringenden Ruck machte.

»Gewonnen!«, quakte Jeremias Quaddel ganz vom Ende des Taus. Der begeisterte Frosch zog noch weiter, nachdem seine Gruppe längst schon gewonnen hatte, und platschte rückwärts in den Teich.

Die Tiere konnten alle nicht anders als lachen bei dem Anblick der langen Froschbeine, die aus dem Wasser emporragten.

Peter grinste. »Er weiß immer genau, wie man einen spritzigen Auftritt hinlegt!«

Über Stock und Stein

Ein Hindernislauf kann sehr viel Spaß machen an einem Sommertag. Lass deine Freundinnen und Freunde mitmachen und meistert als Team die verschiedenen Herausforderungen – so wie Peter Hase und die anderen Tiere!

Das kannst du gebrauchen:

Löffel und Murmeln; Kissen; Pappbecher; Stühle, einen Besen, Bücher; Papierkarten mit Nummern von 1 bis 10; einen Tennisball und einen Korb

Murmellaufen

Legt eine große Murmel auf einen Löffel. Dann lauft mit dem Löffel dreimal um den Raum, ohne die Murmel dabei fallen zu lassen.

Kissen-Trittsteine

Verteilt die Kissen als »Trittsteine« auf dem Boden.

Hochstapeln

Stapelt Pappbecher so schnell wie möglich zu einer Pyramide auf. Fangt mit einer Viererreihe an, dann kommen drei obendrauf, dann zwei und schließlich ein einzelner zum Schluss.

Limbo tanzen

Stellt zwei Stühle auf jede Seite des Parcours und legt einen Besen über beide Sitzflächen. Dann tanzt nach hinten gelehnt Limbo unter der Stange hindurch, ohne den Besen runterzustoßen. Ihr könnt die Stange unterschiedlich hoch legen, indem ihr Bücher darunter auf die Stühle stapelt.

Zahlensalat / Verzählen zählt nicht

Mischt die nummerierten Papierkarten durch und verteilt sie verdeckt auf dem Boden. Versucht, die Nummern in die richtige Reihenfolge von 1 bis 10 zu bringen, aber es wird immer nur eine Karte auf einmal umgedreht. Erwischst du eine Nummer, die nicht in die Reihenfolge passt, dreh sie wieder um und fang von vorne an.

Ballwerfen

Stellt einen Korb mindestens zehn Schritte entfernt auf und werft abwechselnd einen Tennisball hinein.

Herbst

Reiche Apfelernte

»Ich komme noch zu spät!«, rief Peter, als er aus dem Bett sprang und sich anzog. »Hab keine Zeit!«

»Doch, hast du!«, sagte seine Mama. Sie versperrte ihm den Weg und drückte ihm ein Rosinenbrötchen in die Pfote.

»Aber ich hab Schweinchen Softie versprochen, in aller Frühe da zu sein«, protestierte Peter. »Es ist der erste Tag der Apfelernte, und er braucht meine Hilfe.«

»Iss erst mal dein Frühstück«, beharrte seine Mama. »Außerdem möchte ich, dass du heute auf Wuschelpuschel aufpasst. Flopsi und Mopsi besuchen Jemima Pratschel-Watschel, und ich wollte bei Frau Tiggy-Wiggel vorbeischauen.«

»Was? Aber –«, begann Peter.

»Du kannst Wuschelpuschel mitnehmen«, sagte seine Mama bestimmt. »Sie wird sicher eine große Hilfe sein.«

Peter machte den Mund auf, um zu widersprechen, aber biss dann stattdessen in das Rosinenbrötchen. Er wusste, dass es keinen Sinn hatte, mit seiner Mama zu streiten.

Es dauerte noch mal gut zwanzig Minuten, bis Peter und seine verschlafene kleine Schwester den Hasenbau endlich verließen.

»Komm schon!«, rief Peter zurück. „Wir sind schon spät dran!«

Wuschelpuschel ließ sich jedoch nicht hetzen und fegte ausgelassen durch die raschelnden Laubberge, als sie am Waldrand entlanghoppelten.

Schließlich trafen sie Schweinchen Softie, der auf einer rauen Steinmauer saß, die den Apfelgarten umgab.

Peter winkte, als er zu seinem Freund eilte. »Tut mir leid! Ich musste Wuschelpuschel mitnehmen. Aber ich hab ihr gesagt, dass sie nicht im Weg stehen soll.«

»Oh, kein Problem!«, lachte Schweinchen Softie. »Je mehr, desto besser!«

Während Peter und Softie eine Leiter holen gingen, hopste Wuschelpuschel in den

Obstgarten und bestaunte die kleinen krummen Bäume. Die Äste bogen sich unter der Last der Früchte, und das kleine Hasenmädchen hüpfte hoch, um einen knallroten Apfel direkt über sich zu pflücken.

»Hey, warte auf uns«, rief Peter, als er und Schweinchen Softie mit einer langen Holzleiter, die sie zwischen sich trugen, in den Obstgarten zurückkehrten.

Ein Leiterende stellten sie fest auf den Boden neben den Apfelbaum und ein paar großer Weidenkörbe, das andere Ende lehnten sie in die Baumkrone.

»Kann ich als Erste hochklettern?«, fragte Wuschelpuschel eifrig.

»Nein! Du kannst die Äpfel in den Körben auffangen«, antwortete Peter, immer noch leicht gereizt, dass seine Hasenschwester mit dabei war.

Wuschelpuschel zog eine Schnute, aber bald machte es ihr richtig Spaß, im taufeuchten Gras herumzuhüpfen, den Korb auf ihrem Kopf zu balancieren und die Äpfel aufzufangen, wenn sie herunterpurzelten. Peter pflückte die Äpfel, während Schweinchen Softie die Leiter hielt, und noch am Vormittag hatten sie schon die meisten Äpfel von den ersten Bäumen gepflückt.

Peter seufzte, als er für eine Pause nach unten kletterte. »Das macht ganz schön durstig!«

»Das sind genügend Äpfel für hundert Streuselkuchen!«, rief Wuschelpuschel begeistert.

Schweinchen Softie trank einen großen Schluck Wasser und nickte zustimmend.

Während ihr Bruder und sein Freund sich unterhielten, sah Wuschelpuschel ihre Chance. Sie wollte unbedingt auch die Leiter hochklettern und konnte die Augen nicht von den Äpfeln an den dünneren, höheren Zweigen lassen. Peter war zu schwer, um an sie heranzukommen!

»Wuschelpuschel! Komm sofort herunter!«, schrie Peter, aber seine Schwester war schon auf der Leiter und kletterte in die Baumkrone.

Mit ausgestreckten Pfoten erwischte sie einen, dann zwei, dann drei große Äpfel.

»Fang!«, rief sie ihrem Bruder unten zu, der nun auf den Beinen war und zu dem Korb eilte.

»Wenn du nicht sofort runterkommst, erzähle ich es Mama!«, rief Peter. Doch insgeheim konnte er nicht anders, als auf seine Schwester stolz zu sein. Apfelbäume waren zwar nicht so hoch wie die alte Eiche, aber sie war doch ganz schön mutig, sich so hoch gewagt zu haben.

Es war nur noch ein Apfel im höchsten Wipfel übrig.

»Sei bloß vorsichtig!«, rief Schweinchen Softie.

»Aufgepasst da unten!«, rief Wuschelpuschel, als sie sich nach dem letzten Apfel reckte. Doch gerade als sie nach ihm griff, verlor das kleine Hasenmädchen den Halt.

Runter purzelte der Apfel, und runter purzelte Wuschelpuschel!

»Hilfe!«, schrie sie.

Ohne nachzudenken, ließ Peter den Korb mit den Äpfeln fallen. Immer den Blick nach oben sprang er nach links, dann nach rechts, die Arme ausgestreckt … und fing Wuschelpuschel gerade noch auf, ehe sie auf den Boden prallte.

»Was hast du dir bloß dabei gedacht?«, schimpfte Peter aufgebracht.

»Ärgere dich nicht!«, antwortete Wuschelpuschel betreten. »Ohne mich hättest du diese Äpfel nie erwischt …«

»Da hat sie recht, finde ich«, schmunzelte Schweinchen Softie.

Nachdem Peter sich vergewissert hatte, dass seine Schwester nicht verletzt war, musste er auch lächeln.

»Kann ich noch ein paar mehr pflücken …?«, piepste Wuschelpuschel.

Ihr Bruder grinste. »Nur wenn du versprichst, diesmal besser aufzupassen!«

So teilten sich die Hasengeschwister und Schweinchen Softie die Ernteaufgaben für den restlichen Tag.

Als die Nachmittagssonne in leuchtenden Pfirsichfarben hinter die Bäume des Obstgartens sank, verabschiedeten sich Peter und Wuschelpuschel von Schweinchen Softie. Auf dem Heimweg schwangen sie einen schweren Korb voller Äpfel zwischen sich.

»Danke, dass du mich heute mitgenommen hast, Peter!«, sagte Wuschelpuschel mit einem Hüpfer.

»Nein, ich danke dir«, sagte ihr Hasenbruder lächelnd. »Du warst wirklich eine große Hilfe!«

Apfelspalten falten

Das brauchst du:

- Rotes, gelbes oder hellgrünes Papier, in 12 cm große Vierecke geschnitten
- Eine Schere
- Dunkelgrünes Papier
- Locher
- Musterbeutelklammern (wie für große Briefumschläge oder Versandtaschen)

1. Schneide die Vierecke aus hellgrünem Papier in sechs gleich große Streifen.

2. Dann lege die Streifen übereinander.

3. Schneide die Form eines Blattes aus dem dunkelgrünen Papier und lege es auf ein Ende des Streifenstapels.

4. Mache ein einzelnes Loch durch jedes Ende des Stapels und das Blatt.

5. Hefte die Streifen mit einer Musterklammer jeweils oben und unten zusammen.

6. Dann ziehe die Streifen vorsichtig auseinander und biege sie. So formst du eine Kugel.

7. Wiederhole das Ganze mit rotem und gelben Papier, bis du eine ganze Auslage voller Äpfel hast.

Ein stürmischer Ausflug

Peter und Benjamin waren Brombeeren pflücken. Als sie den Feldweg entlanghoppelten, tat die Sonne ihr Bestes, um sie aufzuwärmen, doch graue Wolken ballten sich bereits zusammen, und die beiden Hasen konnten den nahen Regen im Wind riechen.

Als sie an der Stelle vorbeikamen, wo ihre Freundin Jenny Zaunkönig im Frühling immer ihr Nest baute, musste Peter lächeln. Die diesjährigen Küken würden mittlerweile voll ausgewachsen sein, und nächstes Jahr mochten sie schon selbst Eier legen.

»Wo sind denn die Brombeerbüsche?«, fragte Benjamin kopfschüttelnd. Weit und breit sah er nur Stechpalmenblätter.

Peter lachte. »Nicht mehr weit!«

Und dann erstreckte sich hinter einer Wegbiegung ein langer Heckenabschnitt, an dem Hunderte und Aberhunderte Brombeeren in reifer, satter blauschwarzer Farbe glänzten. Ohne vorher hinzuschauen, streckte sich Peter und wollte eine dicke Beere pflücken, die vor seiner Nase hing.

»Autsch!« Der kleine Hase steckte sich die Pfote in den Mund.

Benjamin kicherte. »Denk an die Dornen!«

Diesmal vorsichtiger, pflückte Peter eine Beere und mümmelte sie vor sich hin. Lecker saftig und süß war sie! »Lass uns schnell pflücken, bevor wir zu nass werden«, warnte er, als ein einzelner Regentropfen auf seine Fellnase klatschte.

»Gute Idee!«, gab Benjamin zurück. »Du gehst da entlang, ich hier lang, und dann treffen wir uns in der Mitte.«

Immer mehr Tropfen bespritzten und sprenkelten den staubigen Pfad mit kleinen Punkten, und bis Benjamins Korb voll mit Beeren war, regnete es schon in Strömen.

»Wir sollten uns besser einen trockenen Unterschlupf suchen«, sagte Peter.

»Da drüben. Schau!« Benjamin zeigte durch eine Lücke in der gegenüberliegenden Hecke auf eine kleine Scheune, die auf einem Feld stand.

Den vollen Korb auf den Schultern rasten die beiden Hasen durch die Hecke und über die Wiese. Dann zwängten sie sich durch einen Spalt unter zwei hölzernen Torflügeln hindurch in die warme, trockene Scheune und schüttelten ihren Pelz aus.

KRA-RA-WUMM! Donner rüttelte an dem ausladenden Scheunendach über ihnen.

»Ich hasse Gewitter!«, schimpfte Benjamin und buddelte sich in einen großen Heuhaufen auf der Rückseite des Gebäudes.

»Komm und sieh dir die Blitze an!«, rief Peter, während er einen der Torflügel aufstieß. Doch Benjamin hatte sich schon ganz und gar im Heu vergraben.

Was ist das denn?, fragte sich Peter. Oben am Himmel hatte er einen dunklen Umriss entdeckt. Während dieser näher auf ihn zuflog, erkannte Peter eine vertraute Haube und einen Schal.

»Jemima Pratschel-Watschel?« Er krauste die Stirn. »Warum um alles in der Welt fliegt sie bei diesem Wetter herum?«

Da tippte ihn jemand an die Schulter, und Peter drehte sich um.

»Du wirst nicht glauben …«, setzte er an. Und dann bemerkte er, dass sein Cousin nicht allein war. In Benjamins Arm schmiegte sich ein großes, zitterndes Entenküken.

»Ich hab es ihm Heu versteckt gefunden«, flüsterte Benjamin.

Peter machte große Augen.

»Es muss sich noch an seine Flügel gewöhnen«, erklärte Benjamin. »Und als es sich verflogen hatte, kam es hier herein, um vor dem Regen Schutz zu suchen, genau wie wir.«

»Nun, das erklärt, warum seine Mama draußen ist!«, rief Peter. »Sie sucht bestimmt ihr Küken! Aber es ist viel zu gefährlich für irgendjemanden, bei diesem Wetter zu fliegen!«

Sie sahen zu, wie Jemima tief über die andere Seite des Feldes entlangflog. Die beiden Hasen riefen laut, und Peter hüpfte auf und ab und wedelte mit den Pfoten. Doch die Ente steuerte in die entgegengesetzte Richtung, und sie war zu weit weg, um ihre Rufe zu hören.

»Wie sollen wir sie bei diesem Sturm auf uns aufmerksam machen?«, fragte Benjamin.

Sie mussten sich schnell etwas einfallen lassen, denn Jemima war drauf und dran, wieder fortzufliegen und ihre Suche woanders fortzusetzen.

»Ich werde rausgehen müssen!«, verkündete Peter.

Benjamin wollte gerade »Mach keinen Quatsch!« rufen, da schlug ein Blitz mit einem so ungeheuerlichen *KRACH!* in die Scheune ein, dass einige Dachziegel zu Boden polterten!

Jemima wandte den Kopf und sah Peter Hase vom Scheunentor winken, und da war ja auch Benjamin!

Was machen die zwei denn hier draußen? Und was hält Benjamin da im Arm?, fragte sie sich.

Dann erkannte die besorgte Entenmama, dass ihr vermisstes Küken da in Benjamins Hasenpfoten gekuschelt war! Sie quakte erstaunt auf, wirbelte ihre großen Flügel herum und steuerte schnurstracks auf die Hasen zu.

Jemima war so überglücklich, ihr Küken wiederzusehen, dass sie so schnell flog, wie sie nur konnte. Doch gerade da gab eine heftige Windböe der tapferen Ente einen unerwarteten Schub …

»Ähm, Peter«, meinte Benjamin nervös. »Ich hoffe, sie hält rechtzeitig an …«

»Schnell!«, rief Peter. »Den anderen Torflügel!«

Benjamin setzte Jemimas Entenküken behutsam ab und half Peter, den zweiten Torflügel gerade noch rechtzeitig aufzustoßen.

»QUUUAAAK!«, schnatterte Jemima Pratschel-Watschel. In einem Wirbel weißer Federn schoss sie an den Hasen vorbei und landete in einem Haufen weichem Heu. *WUMMPF!*

Peter und Benjamin sahen zu, wie erst eine blaue Haube und dann Jemimas Schnabel langsam aus dem Stroh auftauchten.

»Eine etwas holprige Landung!«, quakte die benommene Ente.

So schnell es konnte, flatterte das kleine verlorene Entchen zu seiner Mama rüber, und die beiden Hasen seufzten erleichtert auf. Es gab ein großes Quaken und Knuddeln, als Entenmama und Entenküken endlich wieder zusammenkamen.

»Wenigstens ist sie nicht im Brombeerkorb gelandet!«, sagte Peter grinsend. »Das wäre sonst echt eine saftige Bruchlandung geworden!«

So ein Donnerwetter!

Während eines Gewitters baut sich in den Wolken
Elektrizität auf. Dabei entstehen Blitze.
Donner ist das Geräusch, den ein Blitzschlag macht.
Aber weil Licht viel schneller ist als Schall,
sehen wir einen Lichtblitz oft schon,
bevor wir den Donnerknall hören.

Spiel mit deinem Freundeskreis oder deiner Familie Gewitter,
indem ihr die Geräusche eines Regenschauers allein
mit euren Körpern nachmacht. Das klappt am besten,
wenn mehrere Leute mitmachen. Eine Person gibt den Takt vor,
und die anderen machen die Bewegungen unten nach.
Lauscht, wie das Unwetter näher kommt, immer lauter wird,
bevor es langsam wieder fortzieht.

Am Anfang reibt leicht eure Hände aneinander.
Knackt mit den Fingern.
Tätschelt leicht eure Oberschenkel.
Trommelt laut auf eure Oberschenkel.
Klatscht leise.
Klatscht laut.
Beim lauten Klatschen brummt und grummelt dazu
wie Donnergrollen und -krachen oder trommelt mit den Fäusten
auf Oberflächen um euch herum.
Lasst euer Händeklatschen langsam leiser werden.
Trommelt laut auf eure Oberschenkel.
Tätschelt leicht eure Oberschenkel.
Knackt mit den Fingern.
Reibt eure Hände aneinander, und dann hört auf.
Das Gewitter ist weitergezogen!

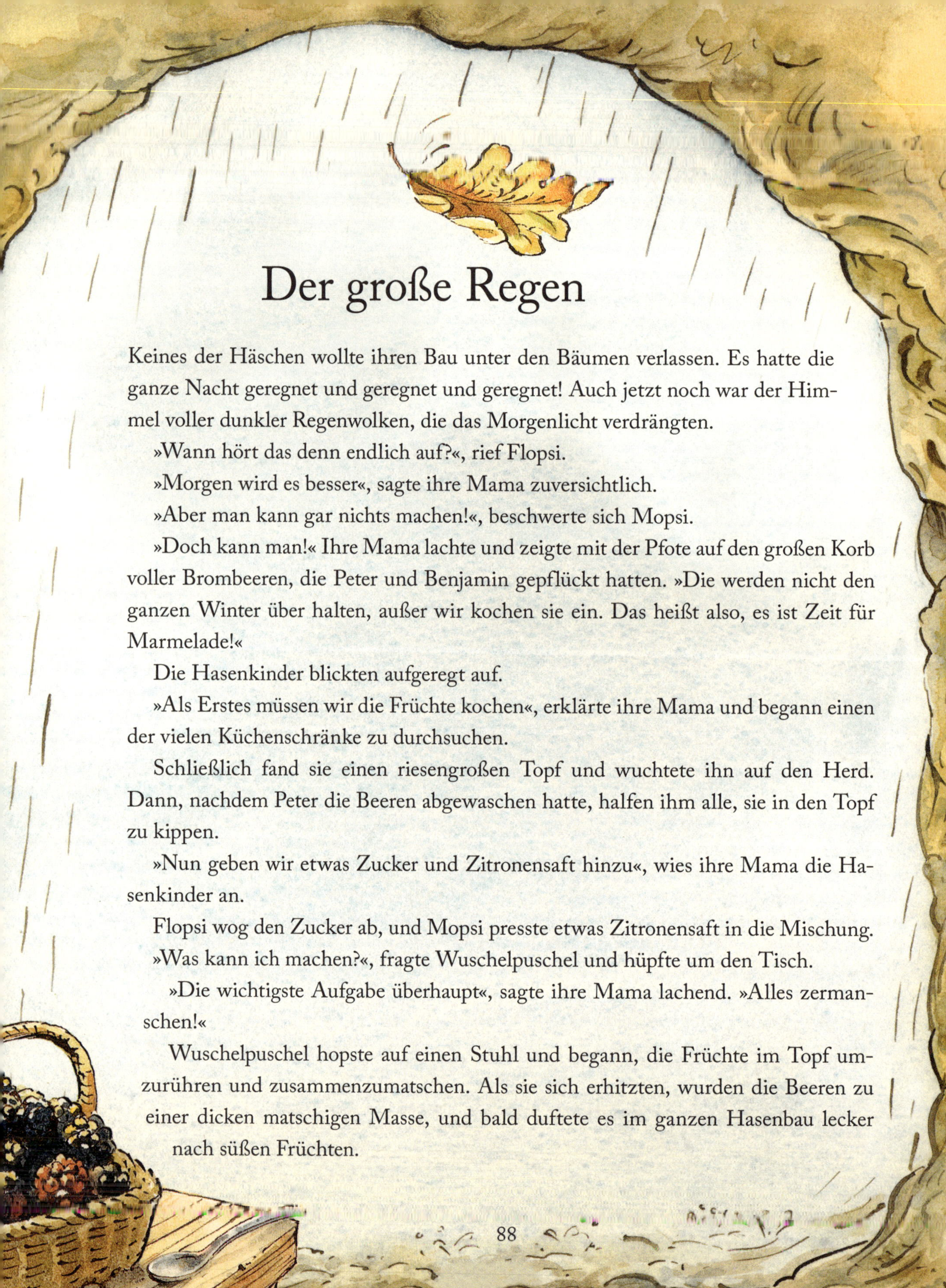

Der große Regen

Keines der Häschen wollte ihren Bau unter den Bäumen verlassen. Es hatte die ganze Nacht geregnet und geregnet und geregnet! Auch jetzt noch war der Himmel voller dunkler Regenwolken, die das Morgenlicht verdrängten.

»Wann hört das denn endlich auf?«, rief Flopsi.

»Morgen wird es besser«, sagte ihre Mama zuversichtlich.

»Aber man kann gar nichts machen!«, beschwerte sich Mopsi.

»Doch kann man!« Ihre Mama lachte und zeigte mit der Pfote auf den großen Korb voller Brombeeren, die Peter und Benjamin gepflückt hatten. »Die werden nicht den ganzen Winter über halten, außer wir kochen sie ein. Das heißt also, es ist Zeit für Marmelade!«

Die Hasenkinder blickten aufgeregt auf.

»Als Erstes müssen wir die Früchte kochen«, erklärte ihre Mama und begann einen der vielen Küchenschränke zu durchsuchen.

Schließlich fand sie einen riesengroßen Topf und wuchtete ihn auf den Herd. Dann, nachdem Peter die Beeren abgewaschen hatte, halfen ihm alle, sie in den Topf zu kippen.

»Nun geben wir etwas Zucker und Zitronensaft hinzu«, wies ihre Mama die Hasenkinder an.

Flopsi wog den Zucker ab, und Mopsi presste etwas Zitronensaft in die Mischung.

»Was kann ich machen?«, fragte Wuschelpuschel und hüpfte um den Tisch.

»Die wichtigste Aufgabe überhaupt«, sagte ihre Mama lachend. »Alles zermanschen!«

Wuschelpuschel hopste auf einen Stuhl und begann, die Früchte im Topf umzurühren und zusammenzumatschen. Als sie sich erhitzten, wurden die Beeren zu einer dicken matschigen Masse, und bald duftete es im ganzen Hasenbau lecker nach süßen Früchten.

Ihre Mama lächelte, als sie auf die dampfende beerenrote Flüssigkeit hinunterblickte. »Und nun warten wir …«

»Können wir schon probieren?«, bettelte Wuschelpuschel und zupfte ihre Mama am Arm.

»Geduld!«, mahnte ihre Mama. »Nun, wo habe ich die Einmachgläser hingestellt?«

Nach unten gebeugt durchstöberte sie einen anderen Schrank und räumte alte Dosen und Flaschen auf den Fußboden.

»Wofür habe ich das bloß alles aufbewahrt?«, sagte sie und zog einen Stapel ausgefranster Geschirrtücher heraus.

Auf einmal quiekte Flopsi auf und rieb sich die Hasenohren.

»Jetzt regnet es auch schon hier drinnen!«, rief sie.

Die Hasen blickten nach oben und sahen, wie sich winzige Wasserperlen um einen schmalen Spalt in der Decke sammelten.

»Wir haben ein Leck bekommen!«, rief ihre Mama, wobei sie versuchte, nicht zu nervös zu klingen. »Kommt, helft alle mit!«

Sie begannen rasch, die leeren Gläser unter dem Riss zu platzieren, um die Tropfen aufzufangen.

»Was, wenn die Decke runterkracht?«, fragte Mopsi besorgt.

»Keine Sorge, das passiert schon nicht«, versicherte ihre Mama. »Da sind Spalten zwischen den Baumwurzeln über uns, und wenn der Regen zu stark wird, kann Wasser durchsickern.«

Plitsch, platsch! Plitsch, platsch! Wassertropfen landeten in den Gläsern auf dem Boden, während oben auf dem Herd ihre Brombeermarmelade vor sich hin schäumte und blubberte. *Blubb, blubb! Blubb, blubb!*

Mopsi sah noch etwas verunsichert aus. Also klopfte Peter, in der Hoffnung, sie zum Lächeln zu bringen, mit seinen Pfoten im Takt zu der seltsamen neuen Musik. *Poch, poch! Poch, poch!* Doch seine kleine Schwester hörte nicht auf, nervös mit dem Näschen zu zucken.

»Ich hab eine Idee!«, rief er plötzlich.

Peter suchte zwei oder drei leere Flaschen aus und ein paar der alten Handtücher.

»Bin gleich wieder da!«, rief er, und ehe jemand ihn aufhalten konnte, hoppelte er nach draußen.

Der Regen schien noch stärker zu werden! Mit dem alten Regenschirm seiner Mama über dem Kopf begann der beherzte kleine Hase, das Gras über ihrem Hasenbau abzusuchen. Ungefähr dort, wo Peter darunter ihre Küche vermutete, stand ein Kastanienbaum. Zwischen den dicken knorrigen Wurzeln konnte er Spalten in der Erde erkennen.

Peter nahm eine Flasche, wickelte sie in ein Geschirrhandtuch und drückte sie fest in das Erdloch. Dann lief er rings um den Baum und dichtete alle Löcher ab, die er finden konnte.

»Ob das klappt?«, fragte Peter sich laut, als er zurück zum Eingang des Baus hoppelte. »Tja, einen Versuch ist es wert.«

Drinnen im warmen, marmeladig duftenden Hasenbau starrten seine Mama und seine Schwestern an die Grubendecke hoch.

»Es hört auf!«, rief Wuschelpuschel.

Peter sah seine Mama an.

»Ich glaub, ich habe eine Verwendung für deinen alten Küchenkrempel gefunden«, feixte er.

»Du naseweises Häschen«, sagte seine Mama und drohte ihm liebevoll mit der Pfote.

»Ist die Marmelade jetzt fertig?«, fragte Wuschelpuschel.

»Schauen wir nach«, antwortete ihre Mama.

»Seht ihr die kleinen Risse hier auf der Oberfläche?«, fragte sie und stippte vorsichtig einen Löffel in die eindickenden Früchte.

Ihre Hasenkinder nickten mit großen Augen.

»Das bedeutet, wir haben Marmelade gemacht!«, sagte ihre Mama und pustete auf den Löffel. »Jetzt müsste es genug abgekühlt sein. Wer möchte probieren?«

Wuschelpuschel griff als Erste nach dem Löffel und steckte ihn in ihr Hasenmäulchen. »Mmmh-Marmelade!«

Mmmh-Marmeladentörtchen

Lass dir dabei von jemand Erwachsenes helfen.

Das brauchst du:

- Butter oder Margarine
- Eine Backform mit zwölf Vertiefungen (wie für Muffins)
- Eine Packung mit einer Rolle backfertigem Mürbeteig
- Deine Lieblingsmarmelade
- Einen Teelöffel
- Ofenhandschuhe

1. Wasch dir vorher die Hände. Dann bitte eine erwachsene Person, den Backofen auf 180 °C oder bei Gas auf Stufe 4 vorzuheizen.

2. Fette die Vertiefungen in der Backform mit Butter oder Margarine ein.

3. Schneide mit einem Teigschaber zwölf Kreise aus dem ausgerollten Mürbeteig. Dann drücke vorsichtig einen Kreis in jede Vertiefung des Blechs.

4. In die Mitte von jedem Teigkreis kommt nun etwas Marmelade.

5. Lass die Backform von einer erwachsenen Person mit Ofenhandschuhen in den Backofen stellen. Backe dann alles für etwa 20 Minuten, bis die Törtchen goldbraun aussehen.

6. Auch beim Herausholen sollte dir besser jemand Erwachsenes helfen.

7. Lass die Törtchen etwas abkühlen, ehe du sie auffutterst!

Zeit zum Einigeln

»Ups!«, rief Peter aus, als er in einer Matschpfütze genau vor dem Eingang zu Benjamins Hasenbau ausrutschte.

Die Regenwolken waren endlich fortgeweht, doch sie hatten einen rutschigen Teppich aus matschigem Laub hinterlassen, und der Waldweg war übersät mit Pfützen.

»Möchtest du etwas Apfel- und Brombeerstreuselkuchen?«, fragte Peter, als sein Cousin die Tür öffnete.

Benjamin, dem das Wasser im Mund zusammenlief, linste in Peters Korb.

»Ich hab einen für dich und einen für Frau Tiggy-Wiggel«, erklärte Peter. »Zu ihr bin ich als Nächstes unterwegs.«

»Hab ich gerade Streuselkuchen gehört?«, fragte Benjamins Vater, der alte Prahlhas Kanin.

Er zwinkerte den beiden zu und nahm den Kuchen von seinem Neffen.

»Hast du Lust, mitzukommen?«, fragte Peter Benjamin.

»Ähm, ja …«, antwortete Benjamin, wobei seine Augen der Kuchenform folgten, als sein Papa damit nach drinnen verschwand.

»Keine Sorge«, sagte Peter lachend. »Er lässt dir bestimmt etwas übrig. Komm schon!«

Zögernd setzte Benjamin seine Kappe auf, und gemeinsam plitschten und platschten die beiden kleinen Hasen durch den regennassen Wald.

An Frau Tiggy-Wiggels kleiner Vordertür musste Peter dreimal klopfen, bevor die Igeldame öffnete. Sie sah ein wenig verschlafen aus.

»Entschuldigt, ihr Lieben.« Frau Tiggy-Wiggel blinzelte. »Ich muss eingenickt sein.«

Drinnen im Igelbau schien es ein wenig drunter und drüber zu gehen. Schubladen waren herausgezogen, und Schranktüren standen sperrangelweit offen, ein Wäschekorb mit Laken stand auf der Anrichte neben einem Stapel halb fertiger Bügelwäsche, und in die Nähmaschine auf dem Küchentisch war noch ein kariertes Kleid voller Stecknadeln eingespannt.

»Bitte entschuldigt das Kuddelmuddel!«, sagte Frau Tiggy-Wiggel missgestimmt. »Ich scheine zurzeit nichts fertigzubekommen. Es liegt an der Jahreszeit, wisst ihr?«

Peter und Benjamin wischten den Einwand der kleinen Igeldame beiseite und stellten den Apfel-Brombeerstreusel auf den Tisch neben die Nähmaschine.

»Vorsichtig!«, protestierte Frau Tiggy-Wiggel. »Das ist Frau Ribbels Kleid. Ich versuche, einen Riss in der Seite auszubessern …«

Die Igeldame stoppte mitten im Satz, als sie Peters Kuchenform bemerkte.

»Was ist das? Was ist das?« Ihre Knopfaugen leuchteten auf.

»Mama und ich haben gestern gebacken«, erklärte Peter. »Wir haben auch etwas Brombeermarmelade für Sie mitgebracht.«

»Oh, danke sehr! Das ist ja so aufmerksam!« Frau Tiggy-Wiggel lächelte, als sie ein Glas Marmelade aus dem Korb nahm. »Oh, meine Lieblingsmarmelade! Doch ich fürchte, nun muss ich wirklich weitermachen. Es gibt noch so viel zu tun vor meinem Winterschlaf!«

Natürlich! Mit einem Mal wurde den beiden Hasen klar, warum die alte Igeldame ein bisschen zerstreut schien: Es war fast an der Zeit für ihren Winterschlaf! Bald schon würde sie, zu einem kleinen Ball zusammengerollt, den ganzen Winter hindurch schlafen.

»Können wir Ihnen helfen?«, fragte Peter.

Die Vorderpfoten in die Hüften gestemmt, blickte Frau Tiggy-Wiggel auf die Stapel Wäsche und all die anderen halb erledigten Aufgaben.

»Na ja, wenn es euch nichts ausmacht …«, erwiderte sie. »Wie wäre es, wenn ich bügle, während ihr die Kleidungsstücke zusammenlegt?«

Also machten die Hasen sich an ihre Aufgabe, und im Nu herrschte im Igelbau wieder Ordnung. Die Schränke und Schubladen waren blitzsauber, und die ganze Wäsche war gebügelt und zu ordentlichen Stapeln gefaltet.

»Es ist so nett, Gesellschaft zu haben!«, seufzte Frau Tiggy-Wiggel. Sie wirkte nun sehr viel heiterer. »Und vielen Dank noch mal für diesen wunderbaren Streuselkuchen! Ich werde ihn probieren, sobald ich mit dem Nähen fertig bin. Wir wollen keine klebrigen Pfoten auf Frau Ribbels Kleid! Was würde sie sonst dazu wohl sagen?!«

»Zeigen Sie uns, wie die Nähmaschine funktioniert?«, fragte Peter neugierig.

»Wenn ihr gern möchtet«, sagte Frau Tiggy-Wiggel. »Warum schaut ihr nicht zu? Passt aber gut auf – Nähmaschinen können ganz schön gefährlich sein.«

Die Hasenfreunde setzten sich an den Tisch, während die alte Igeldame mit einer Pfote die Kurbel der Nähmaschine bediente. Mit der anderen Pfote drückte sie Frau Ribbels Kleid flach und führte es unter der auf- und niederhüpfenden Nadel hindurch.

Als sie fertig war, schnitt Frau Tiggy-Wiggel schnipp, schnapp den losen Faden ab und hielt das Kleid in die Höhe. Die beiden Hasen klatschten bewundernd.

Frau Tiggy-Wiggel lächelte. »Nun seid ihr dran!«

Sie holte einen alten Stoffrest hervor und schob ihn in die Maschine, während Peter auf ihren Stuhl hüpfte. Sorgsam und bedacht bediente er die Kurbel, und die Stiche begannen sich in einer Wellenlinie über den Stoff zu schlängeln. Als er die Kurbel schneller drehte, sausten seine Stiche im Zickzack nur so dahin.

Klick-klack! Klick-klack! Klick-klack!

»Hasen schlagen gerne Haken«, sagte Frau Tiggy-Wiggel verschmitzt. »Deshalb bin ich fürs Nähen zuständig und nicht *du*!«

Nachdem auch Benjamin es probiert und einen ähnlichen Zickzackkurs wie Peter genäht hatte, wurde es für die beiden Hasen Zeit, zu gehen.

Frau Tiggy-Wiggel dankte ihnen für ihre Hilfe.

»Werden wir uns dieses Jahr noch sehen?«, fragte Peter.

Die alte Igeldame machte ein zweifelndes Gesicht. Ihre Augenlider waren schon wieder ganz schläfrig schwer.

»Vielleicht«, antwortete sie gähnend. »Aber wenn nicht, sagt eurer Mama, dass ich ihre Kuchenform im Frühjahr zurückbringe. Dieser wunderbare Kuchen ist genau das, was ich brauche, um den Winter durchzustehen!«

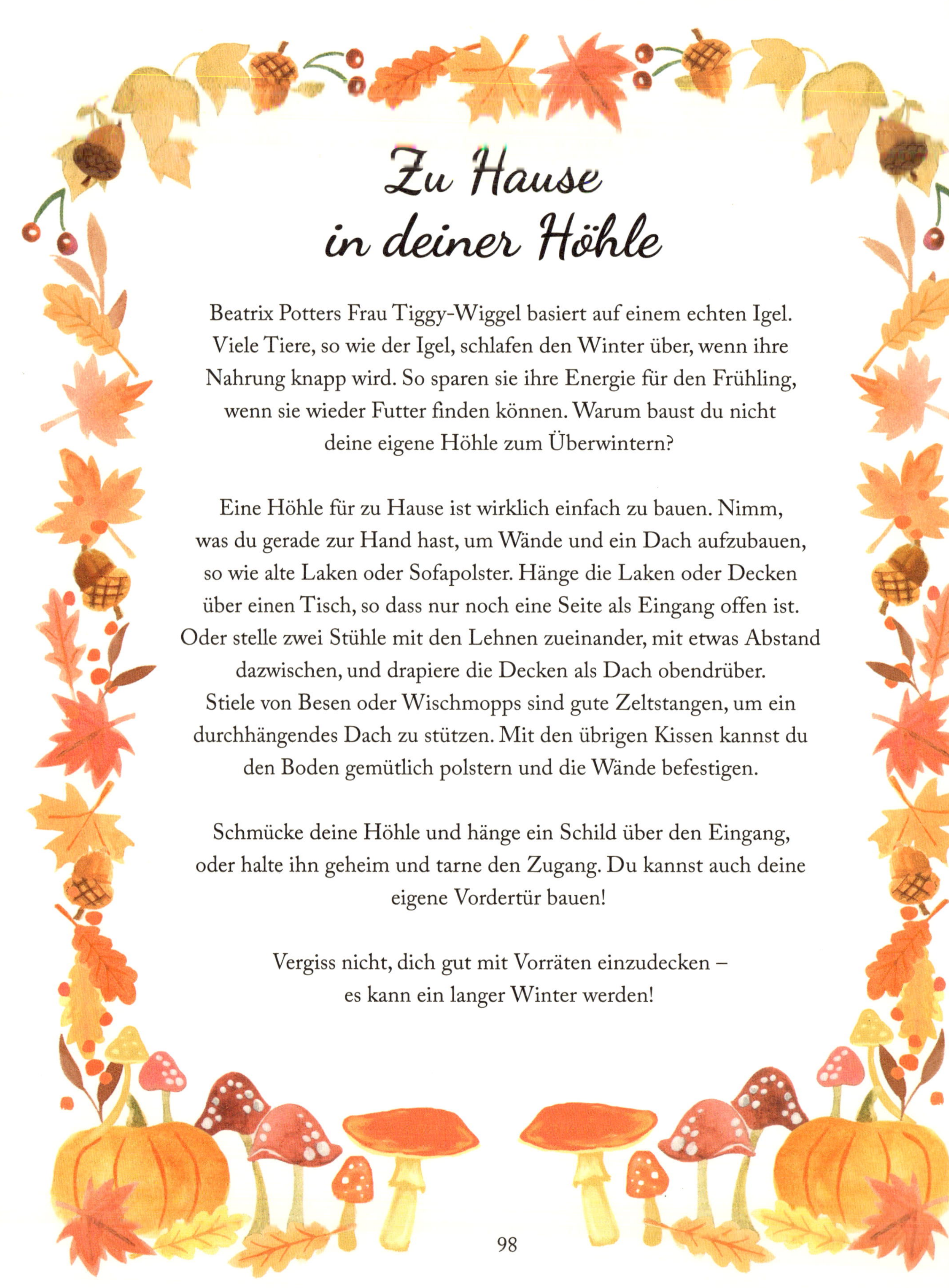

Zu Hause in deiner Höhle

Beatrix Potters Frau Tiggy-Wiggel basiert auf einem echten Igel. Viele Tiere, so wie der Igel, schlafen den Winter über, wenn ihre Nahrung knapp wird. So sparen sie ihre Energie für den Frühling, wenn sie wieder Futter finden können. Warum baust du nicht deine eigene Höhle zum Überwintern?

Eine Höhle für zu Hause ist wirklich einfach zu bauen. Nimm, was du gerade zur Hand hast, um Wände und ein Dach aufzubauen, so wie alte Laken oder Sofapolster. Hänge die Laken oder Decken über einen Tisch, so dass nur noch eine Seite als Eingang offen ist. Oder stelle zwei Stühle mit den Lehnen zueinander, mit etwas Abstand dazwischen, und drapiere die Decken als Dach obendrüber. Stiele von Besen oder Wischmopps sind gute Zeltstangen, um ein durchhängendes Dach zu stützen. Mit den übrigen Kissen kannst du den Boden gemütlich polstern und die Wände befestigen.

Schmücke deine Höhle und hänge ein Schild über den Eingang, oder halte ihn geheim und tarne den Zugang. Du kannst auch deine eigene Vordertür bauen!

Vergiss nicht, dich gut mit Vorräten einzudecken – es kann ein langer Winter werden!

Auf der Jagd nach Pilzen

»Nusper?«, rief Peter verzweifelt. Der kleine Hase wusste gar nicht mehr, wo er war!

Als er den Hasenbau verlassen hatte, hingen bloß dünne Nebelschleier im Wald. Doch nun war der Nebel so dicht, als wäre eine riesige weiße Wolke vom Himmel geschwebt und hätte sich zwischen die Bäume schlafen gelegt.

»Nusper! Blinzlberry!«, rief Peter noch einmal.

Er konnte gerade so die geisterhaften Stämme einiger Buchen in der Nähe ausmachen, aber viel mehr nicht, und seine Freunde sah er überhaupt nicht.

Plötzlich prasselte eine Handvoll Bucheckern um seine Hasenohren nieder, und er hörte das unverkennbare Keckern von Eichhörnchen.

»Da seid ihr ja!« Peter lachte erleichtert auf, als die beiden Eichhörnchenbrüder von einem Ast hoch oben heruntersprangen und vor ihm landeten.

»Wir hätten nicht gedacht, dass du bei diesem Wetter kommst!«, rief Nusper.

»So ein bisschen Nebel hält mich doch nicht ab!«, erwiderte Peter tapfer. »Nun, wo geht's zu diesen leckeren Pilzen?«

Seine Mama kochte im Herbst immer eine phantastische Pilzsuppe, und Peter wollte sie unbedingt zum Abendessen haben. Also hatten die Eichhörnchen versprochen, ihn zu einer Stelle mit köstlichen Pilzen mitten im tiefen Wald mitzunehmen.

Nusper und Blinzlberry schienen ihren Weg mühelos durch den Nebel zu finden, und sie führten Peter zu einer moosbewachsenen Lichtung.

Nusper starrte verdutzt auf eine Stelle mit aufgewühltem Erdreich. »Sie sind weg!«

»Aber vorhin waren sie doch noch da!«, rief Blinzlberry, der schon auf allen vieren über den Boden huschte und schnupperte.

»Macht nichts!«, rief Peter. Er hatte einen runden Pilz hinter einem Baumstumpf hervorlugen sehen und hüpfte schnurstracks dorthin.

»NEIN! WARTE!« Nusper packte Peters Pfote. »Du darfst niemals einen Pilz pflücken, ehe du nicht ganz sicher weißt, was für einer es ist! Dieser hier ist sehr gefährlich – siehst du die rote Kappe mit den weißen Punkten?«

Peter beugte sich vor, um den Pilz näher zu betrachten.

»Das ist ein Fliegenpilz«, sagte Blinzlberry. »Und wenn du den isst, wirst du sehr krank.«

»Hm, aber wer hat die Pilze gepflückt, die wir essen *können*?«, fragte Peter enttäuscht.

»Wer immer es war, hat eine Fährte hinterlassen«, verkündete Nusper und deutete fort von der Lichtung. »Und ist in diese Richtung verschwunden.«

»War es ein anderes Eichhörnchen?«, fragte Peter.

»Schwer zu sagen«, sagte Blinzlberry, die pelzige Stirn runzelnd. »Es sind zu viele Blätter auf dem Boden, um die Spuren richtig zu lesen.«

«Na ja, lasst uns dem Pilzeplünderer folgen, wer immer es war, und fragen, ob er uns ein paar abgibt«, schlug Peter vor.

Blinzlberry huschte voran, Nusper dicht dahinter. Der Nebel wurde noch dichter, als die Freunde in eine dunkle Senke hinabhoppelten.

In der Luft hier hing ein modriger Geruch, und weiter voraus war ein tiefes Loch gebuddelt worden.

»Ich kenne diesen Ort …«, begann Blinzlberry.

»Nichts wie weg hier!«, zischte Nusper.

»Hey! Lass mich los!«, rief Peter.

Die beiden Eichhörnchen wirbelten herum – und sahen ihren Freund mit dem Kopf nach unten baumeln!

»Was haben wir denn hier?«, knurrte Dagobert Dachs. Mit einer Tatze hielt der grummelige Dachs einen Sack voller Pilze und von der anderen ließ er Peter baumeln.

»Lass mich runter!«, rief der kleine Hase.

»Oh, runter lass ich dich –«, der Dachs lachte bellend, »– runter in das Loch da drüben. Mmh, ein Hasen-und-Pilzragout! Köstlich!«

Mit einem Mal hagelte ein Schauer Bucheckern von oben nieder. Sie prasselten auf die kräftige Schnauze des Dachses und auf seine große feuchte Nase.

»AUTSCH!«, brüllte Dagobert Dachs. Aber immer noch regnete es Nüsse. »AUUU!«

Peter und die Pilze fielen mit einem dumpfen Plumps zu Boden, als der Dachs seinen gestreiften Kopf mit den Tatzen bedeckte und sich auf die Erde duckte.

Nusper und Blinzlberry sahen ihre Chance! Sie flitzten zu Peter, zogen den Hasen auf die Füße, schnappten den Sack mit den Pilzen und hoppelten aus der Senke.

Aber der Dachs gab sich noch nicht geschlagen.

»KOMMT ZURÜCK MIT MEINEM FESTSCHMAUS!«, tobte er und stürmte drauflos durch den Wald auf Peter und die Eichhörnchen zu. Der Nebel war dabei, sich zu lichten, und er konnte sie ziemlich deutlich erkennen.

Dann – schon zum zweiten Mal heute – fand sich Peter durch die Luft schwebend! Nusper und Blinzlberrys große Familie war zur Rettung gekommen und zog ihn nach oben in die Baumwipfel! Staunend blickte er sich um und sah, dass überall auf den Ästen rings um ihn Eichhörnchen umherhuschten.

Und unten sah er das grimmige Gesicht von Dagobert Dachs. Seine zwei schrecklichen Vorderklauen kratzten an der Baumrinde. Doch Dachse können nicht auf Bäume klettern, also konnte Dagobert Dachs bloß dasitzen und wutschnaubend zusehen, wie die Eichhörnchen Peter halfen, durch die Baumwipfel zu entkommen.

Am Waldrand winkten die übrigen Eichhörnchen zum Abschied, aber Nusper und Blinzlberry begleiteten Peter noch nach Hause. Draußen vor dem Hasenbau überreichte Nusper dem immer noch benommenem kleinen Hasen den Sack mit Pilzen.

»Danke, Nusper, danke, Blinzlberry«, sagte Peter atemlos. »Wollt ihr zum Abendessen bleiben?«

Nusper grinste. »Solange es deiner Mama nichts ausmacht! Wahrscheinlich ist es klüger, noch etwas abzuwarten, bis Dagobert Dachs sich beruhigt hat, bevor wir wieder auf die Jagd nach Pilzen gehen.«

Peter war sicher, dass seine Mama sich freuen würde, sie alle zu sehen.

Und so machte Mama Hase an diesem Abend auch für Nusper und Blinzlberry die allerbeste Pilzsuppe, die sie je gegessen hatten!

Peter lachte. »Das ist so viel besser als ein Hasen-Pilzragout!«

So bunt ist der Herbst

Der Herbst bringt frische, kühle Luft mit sich und raschelndes Laub unter den Füßen. Geh spazieren und sammle fünf oder sechs trockene Blätter, die zu Boden gefallen sind. Wieder zu Hause kannst du jedes davon mit einer anderen Farbe anmalen. Dann presse die Blätter mit der Farbseite auf einen Bogen Papier und gestalte so dein eigenes Laubdruckbild.

Das brauchst du:

- Verschiedene Blätter
- Papier
- Malfarbe

Die alte Eiche

»Wu-huu!«, rief ein weit entfernter Waldkauz.

»Hu-huu!«, antwortete ein anderer.

»Hast du das gehört?«, fragte Peter mit Flüsterstimme.

»Hoffentlich sind wir zu Hause, ehe sie auf die Jagd gehen«, erwiderte Benjamin ebenso leise.

Peter grinste. »Na ja, das sind wir, wenn du mal ein bisschen mitschiebst!«

Die zwei Hasen rollten einen riesengroßen Kürbis den Weg entlang. Peter konnte es kaum erwarten, seiner Mama zu erzählen, wie sie es geschafft hatten, ihn aus Herrn Gregors Garten zu schmuggeln! Als die Sonne schließlich hinter dem Horizont verschwand, verdunkelten sich die Bäume und Hecken ringsherum. Und drüben im dämmrigen Wald riefen abermals die Eulen.

»Das wird noch ewig dauern«, stöhnte Peter.

»Vielleicht sollten wir den Kürbis verstecken«, keuchte Benjamin, »und ihn morgen holen.«

Peter wollte seinen Cousin gerade fragen, wo sie so einen kolossalen Kürbis verstecken sollten, als sie ein Rauschen von Flügeln hörten.

Peter packte Benjamins Pfote und zog ihn in einen Graben.

»War das der alte Auler?«, wisperte Benjamin verschreckt.

»Ich bin nicht sicher«, erwiderte Peter, »aber ist doch egal – pass auf, unser Kürbis!«

Ohne es zu merken, waren die Hasen oben auf einer kleinen Anhöhe angelangt, und jetzt, da ihn niemand lenkte, wurde der Kürbis immer schneller, als er den Weg weiterkullerte.

»Tja, ich werde ihm nicht hinterherlaufen, wenn hier gerade eine Eule auf der Jagd ist!«, zischte Benjamin, während ihr kostbarer Kürbis außer Sicht rollte.

Von über ihnen kam erneut das Schlagen von Flügeln, strich über die Heckenspitzen und flatterte in den Zweigen der Bäume umher.

»Warte mal!« Peter lachte. »Das ist keine Eule! Das ist eine Fledermaus! Ganz viele Fledermäuse! Sieh nur!«

Die Hasenfreunde sahen zu, wie eine Kolonie von etwa zwanzig Fledermäusen auftauchte. Es war unmöglich, sie richtig zu zählen, da sie so schnell umhersausten.

»Hallo, ihr Hasen«, schnatterte eine der Fledermäuse. »Ich hoffe, wir haben euch nicht erschreckt! Kein Grund, sich zu verstecken!«

Peter und Benjamin kletterten aus dem Graben. Nun konnten sie den Neuankömmling besser erkennen, der eben auf einem hölzernen Zaunpfahl landete. Es war eine kleine pelzige Zwergfledermaus, mit langen schwarzen Ohren und einer Stupsnase.

»Wir dachten, du wärst eine Eule«, gab Peter aufatmend zu.

»Ein verständlicher Irrtum«, klickerte die kleine Fledermaus. »Sehr viele Tiere erschrecken sich vor uns, dabei sind es die Eulen, vor denen man sich hüten muss!«

Die Hasen lachten und stellten sich vor.

»Ich bin Pipistrella oder einfach Pippi«, erwiderte die Fledermaus und flatterte mit den Flügeln, bereit, wieder abzuheben. »Wir suchen eine Schlafhöhle, wo wir ungestört den Winter verbringen können. Fällt euch da etwas ein?«

Peter und Benjamin blickten einander an und riefen im selben Moment: »Die alte Eiche!«

»Das klingt vielversprechend«, nickte die kleine Fledermaus. »Wo ungefähr ist sie?«

»Auf der Spitze des Hügels, dort entlang …«, begann Peter, aber es war schwierig, im Dunkeln die Richtung zu weisen. »Wir können es euch zeigen?«, schlug er vor.

»Was ist mit den Eulen?«, haspelte Benjamin.

»Wir lenken die Eulen ab«, klickerte Pippi.

»Folgt mir!«, rief Peter und begann den Pfad wieder zurückzuhoppeln.

Benjamin seufzte. Es war zwecklos, in solchen Momenten mit seinem Cousin zu streiten.

Die Hasen brauchten eine Weile, um Pippi und ihren Schwarm den ganzen Weg den Hügel hinaufzuführen. Anfangs rief Peter alle paar Schritte nach ihnen, aber die kleine Fledermaus erklärte, dass sie ihnen auch dann folgen konnten, wenn die Hasen keinen Mucks von sich gaben.

»Wir benutzen unsere Ohren, um den Weg zu finden«, erklärte Pippi. »Darum wussten wir auch, dass ihr Hasen seid. Wir können eure Gestalt ›hören‹.«

»Das klingt nützlich«, erwiderte Peter.

Pippi lachte. »Das ist es, wenn man so kleine Augen hat wie wir!«

Als sie auf der Hügelspitze ankamen, war der Vollmond aufgegangen und bot den Hasen gute Sicht auf die schattigen Schemen der Eiche. Der Baum hatte mittlerweile schon das meiste Laub verloren, nur ein paar Blätter hingen noch an den äußersten Enden seiner windschiefen Äste.

»Es ›klingt‹ auf jeden Fall wie eine Eiche«, sagte Pippi, als die Fledermäuse darüber kreisten.

»Im Stamm ist ein großes Loch, irgendwo hier ungefähr«, erklärte Peter und tastete über die schrundige Rinde.

»Hab es gefunden!«, rief Pippi und flatterte schon an Peters Hasenohren vorbei. Ihre Stimme schallte von innen aus dem Loch. »Es ist perfekt!«

»Wir sollten jetzt wirklich umkehren«, sagte Benjamin mit einem Gähnen. «Könntet ihr Fledermäuse uns auch nach Hause begleiten, für den Fall, dass wir ein paar Eulen über den Weg laufen?«

»Natürlich!«, klickerte Pippi. »Können wir sonst noch etwas tun, um euch zu danken?«

Peter dachte einen Moment nach, und dann fiel ihm ein, weshalb Benjamin und er heute Abend überhaupt unterwegs gewesen waren.

»Wenn ihr die Gestalt von Hasen und Bäumen im Dunkeln hören könnt«, wandte er sich an Pippi, »hört ihr dann vielleicht auch verschollene Kürbisse?«

Rätselhafte Fledermäuse

Wie gut kennst du dich mit Fledermäusen aus? Lies diese Aussagen und rate, ob sie richtig oder falsch sind. Wie viele davon hast du richtig? Dann dreh das Buch auf den Kopf, um die Lösungen herauszubekommen.

1. Fledermäuse haben ein Fell.
2. Fledermäuse sind blind.
3. Ein Fledermausjunges nennt man Welpe.
4. Fledermäuse können kein Futter finden, wenn es stockdunkel ist.
5. Fledermäuse fressen gern Insekten.
6. Fledermäuse benutzen ihr Gehör, um Beute zu jagen.

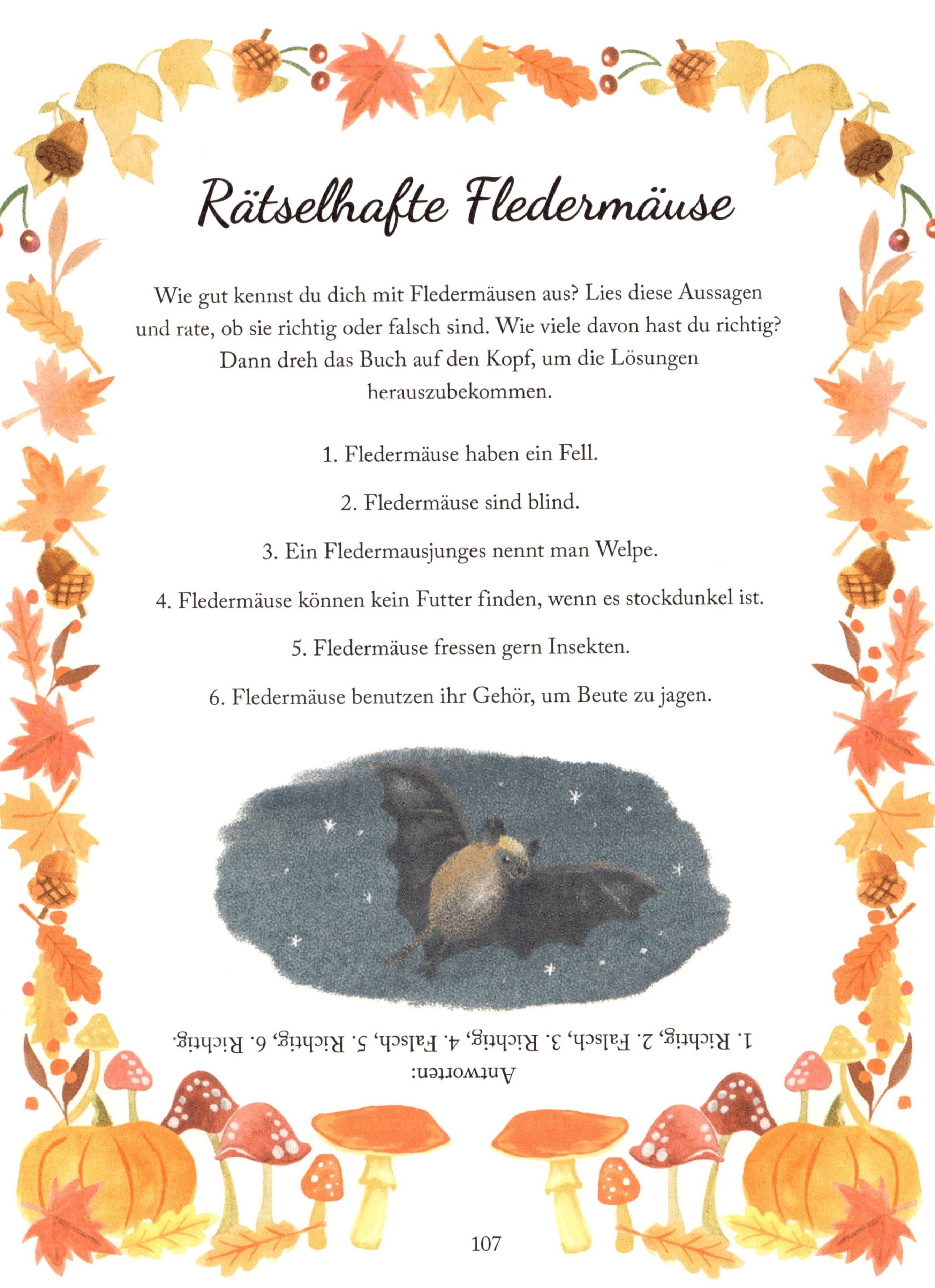

Antworten:
1. Richtig, 2. Falsch, 3. Richtig, 4. Falsch, 5. Richtig, 6. Richtig.

Winter

Die Sternschnuppennacht

Ein Zweig knackte laut unter Benjamins Pfoten, als Peter und er auf leisen Sohlen an Frau Tiggy-Wiggels Bau vorbeischlichen.

»Psst!«, flüsterte Peter und bedachte seinen Cousin mit einem Stirnrunzeln.

Die kleine Igeldame schlief nun tief und fest während der Wintermonate, und an ihrer Tür hing ein Schild mit der Aufschrift: BITTE NICHT STÖREN.

Als die beiden Hasen den stillen Wald hinter sich ließen, flutete die Nachmittagssonne die Felder mit blendendem Licht, aber nur mit sehr wenig Wärme. Peters Mama hatte ihnen eine Feldflasche mit heißer Möhrensuppe zum Abendessen eingepackt und außerdem darauf bestanden, dass sie jeder zwei Pullover unter den Jacken anzogen.

»Bist du sicher, dass wir heute Nacht vor dem alten Auler geschützt sind?«, fragte Benjamin, als sie den halben Weg den Hügel hinauf waren.

Peter nickte zuversichtlich. In den letzten Nächten hatte Eichhörnchen Nusper den Kauz in den Feldern hinter dem Wald jagen gesehen, also mit etwas Glück sollte dieser Hügel hier sicher sein. Außerdem wollte Peter keine Sternschnuppen verpassen – denn das war das, wofür sie hier heraufgekraxelt waren und was sie sehen wollten.

»Haben wir noch etwas zu essen?«, fragte Benjamin, als sie ihre Suppe unter der alten Eiche auf der Hügelspitze aufgegessen hatten.

»Wie wäre es mit einem Stück Kuchen?«, quakte eine bekannte Stimme, und Herr Jeremias Quaddel hüpfte hinter dem Baum hervor. Die Hasen machten vor Schreck einen Satz in die Höhe.

Peter lachte. »Herr Quaddel!«

»Nicht so laut!«, flüsterte Benjamin. »Denkt an den alten Auler!«

»Aber ja doch«, quakte der Frosch leise. »Nun, erlaubt mir, euch meinen Freund Sir Isaac Newton vorzustellen!«

Mit einer tiefen Verbeugung trat ein großer, eleganter Wassermolch in einer gepunkteten gelben Weste hinter dem Baum hervor und gesellte sich zu ihnen.

Peter und Benjamin schüttelten dem Neuankömmling die Pfoten. Er hatte eine große Tasche bei sich und trug eine lange schwarze Röhre unter dem Arm.

»Sir Isaac ist ein Experte, was astronomische Dinge angeht«, erklärte der Frosch. »Was er nicht über die Sterne weiß, das ist bisher auch noch nicht entdeckt worden!«

Mit einem kurzen Nicken in Richtung der Hasenjungen stellte der Molch seine Tasche ab und holte einen metallischen langen Gegenstand aus der Röhre unter seinem Arm hervor.

Benjamin staunte groß. »Nicht zu fassen! Ein Teleskop!«

Die Sonne war nun untergegangen, und es war das perfekte Wetter zum Sternebeobachten – mit einem klaren, wolkenlosen Winterhimmel. Peter und Benjamin konnten die runde Spiegelung des Mondes auf der blanken Oberfläche des Teleskops sehen.

»Haben Sie eben Kuchen erwähnt, Herr Quaddel?«, fragte Benjamin, als die Hasen geduldig warteten, bis der Molch sein Teleskop auf ein Stativ gesetzt hatte.

»Gut aufgepasst!«, lachte der Frosch. Er gab jedem der Hasen ein großes Stück klebrigen Kuchen aus einer Dose in seinem Rucksack und steckte sich selbst noch eins in sein breites Froschmaul.

»Nichts geht über ein Stück Ingwerkuchen, wenn man draußen unter dem Sternenzelt ist!«, mampfte der Frosch, wobei er überall Krümel auf dem Teleskop seines Freundes verteilte.

Der Molch schüttelte müde den Kopf.

»Wer möchte als Erstes durchsehen?«, fragte er, nachdem er sein Teleskop gereinigt hatte. Peters Pfote schoss sofort hoch, und er hüpfte herüber,

um durch das Okular zu schauen. Der kleine Hase konnte eine Kugel weißes Licht durch die gewölbten Linsen sehen.

»Das ist der Planet Venus«, erklärte der Molch, »und wenn du das Teleskop in diese Richtung dort bewegst, siehst du die hellen Sterne im Gürtel des Orion.«

»Was ist Orion?«, fragte Peter.

»Es sieht ein bisschen aus wie ein Malen-nach-Zahlen-Bild eines Jägers«, half ihm Jeremias Quaddel. »Ein Jäger aus Sternen.«

»Du brauchst gar kein Teleskop, um Orion genau zu sehen«, sagte der Molch. »Es ist eines der Sternbilder, das am leichtesten zu erkennen ist.«

Die Hasen folgten seinem ausgestreckten Finger mit dem Blick, wie er den Umriss des Jägers am Himmel nachfuhr.

»Seht!«, rief Peter, als plötzlich ein kleiner weißer Stern über Orions Fuß kurvte.

»Hurra!« Der Molch schlug Peter auf die Schulter. »Das ist deine erste Sternschnuppe! Und dort ist noch eine, seht ihr?«

Bald schon konnten sie überall Sternschnuppen sehen!

»Es sind nicht wirklich Sterne«, erklärte Sir Isaac Newton. »Was ihr seht, sind Meteore. Das sind kleine Gesteinsbrocken, die verglühen, wenn sie der Erde näher kommen.«

Benjamin hopste zum Teleskop, um einen besseren Blick auf die Sternschnuppen zu erhaschen. Als er zu ihnen hochsah, glitt ein schwarzer, geflügelter Schatten an der Linse vorbei. Es war der alte Auler, unterwegs auf der Jagd über dem Wald.

»Vielleicht ist es Zeit, nach Hause zu gehen«, flüsterte der kleine Hase nervös.

»Oh, keine Sorge!«, lachte Jeremias Quaddel und zog ihn vom Teleskop fort. »Wir haben noch etwas Zeit. Diese lästiger Kauz ist in Wirklichkeit noch weit entfernt. Schau!«

Der alte Auler war nun nur noch ein winziger Fleck über dem Wald. Dennoch entschied die Gruppe fröhlicher Sternengucker, dass es nicht klug wäre, noch sehr viel länger hier draußen zu bleiben.

Auch schon ziemlich müde hoppelten die Hasen nach Hause, in die Sicherheit ihrer warmen Hasengruben. Zu einem Fellball zusammengerollt und eingekuschelt in sein warmes Bett, träumte Peter, dass er ein Stern in einem neuen Sternbild mit Hasenohren sei, das hell über die schlafende Welt unten leuchtete …

Was macht der Bär am Himmel?

Wusstest du, dass der Molch in dieser Geschichte, Sir Isaac Newton, auf einem echten Wissenschaftler basiert? Der menschliche Isaac Newton lebte vor 300 Jahren und war begeistert von den Sternen. Für eine bessere Sicht auf den Nachthimmel baute er das erste Spiegelteleskop, und so fand er viel darüber heraus, wie sich Körper im Weltraum bewegen. Am berühmtesten ist er aber wahrscheinlich dafür, dass er die Schwerkraft beschrieben hat – die Kraft, durch die Dinge nach unten fallen und nicht nach oben!

Neben dem Mond sind Sterne am leichtesten am Nachthimmel zu erkennen. Manche Sterngruppen bilden Muster im Himmel, so wie auch Peter und Benjamin es entdeckt haben. Viele davon können auf der ganzen Welt gesehen werden, egal wo du zu Hause bist. Im Verlauf eines Monats wandern diese Muster oder »Sternbilder« über den Himmel. Sternbilder waren für die Menschen früher sehr wichtig, da man sie immer am selben Ort zur selben Zeit im Jahr sehen kann, und das half ihnen, den Lauf der Jahreszeiten zu verfolgen, wie ein Kalender.

Das brauchst du:

* Eine sternklare Nacht
* Warme Anziehsachen

Orion sieht aus wie ein großer Jäger, der Schild und Schwert hält und einen Gürtel trägt. In den griechischen Sagen war Orion der Sohn von Poseidon, dem Gott des Meeres.

Kassiopeia soll aussehen wie eine Königin auf dem Thron, die sich die Haare bürstet. Die Hauptsterne von Kassiopeia bilden eine W-Form, die leicht im Himmel zu finden ist.

Ursa minor wird auch Kleiner Bär oder Kleiner Wagen genannt. Das Sternbild sieht aus wie eine Deichsel, die zu einem viereckigen Wagen führt. Am Ende der Deichsel leuchtet der Nordpolarstern.

Spuren im Schnee

Eichhörnchen Nusper zitterte draußen im Wald, dabei hätte er doch eigentlich im Bett sein sollen. Eine einzelne weiße Schneeflocke schwebte an der Fellnase des Eichhörnchens vorbei. Seine Knopfaugen wurden ganz groß, als eine weitere Schneeflocke der ersten folgte, dann noch eine und noch eine, bis die Luft bald schon voller tanzendem Schnee war!

In Gedanken schon bei all dem Spaß, den sie morgen haben würden, huschte Nusper nach Hause.

Der Schnee fiel die ganze Nacht weiter. Als Peter Hase am nächsten Morgen aus dem Bau lugte, konnte er seinen Augen kaum trauen.

»SCHNEE!«, rief er und hopste im Schlafanzug nach draußen. »Kommt alle und seht! Schaut euch den Schnee an!«

Eine nach der anderen steckten seine Hasenschwestern die verschlafenen Köpfe raus in die Kälte. Sofort waren auch sie hellwach!

Die Hasenkinder tanzten aufgeregt herum und schmiedeten Pläne, was sie als Nächstes tun konnten.

»Als Erstes zieht euch bitte etwas an«, rief ihre Mama von drinnen.

Nachdem sie sich angezogen und ein eiliges Frühstück gemümmelt hatten, purzelten die Hasenkinder abermals nach draußen.

Flatsch! Ein gut gezielter Schneeball traf Peter an der Schulter.

»Volltreffer!«, rief Eichhörnchen Nusper lachend und huschte gleich in Deckung.

Peter formte zwei eigene Schneebälle und folgte Nuspers Spuren in den Wald. Von irgendwo weiter vorne kam ein Kratzen und Scharren. Also schlich Peter in einem großen Bogen herum und blieb versteckt hinter den

schneebedeckten Büschen, bis er Nusper hinter einem umgestürzten Baum kauernd entdeckte.

Sofort sprang Peter auf und schleuderte seine Schneebälle. Einer traf den Baumstamm, doch der andere zerstäubte auf Nuspers Puschelschwanz.

Peter lachte. »Da hast du's zurück!«

»Wir haben jetzt keine Zeit für eine Schneeballschlacht«, erklang eine andere Stimme, und Nuspers Bruder Blinzlberry hüpfte von einem Ast herunter. Er landete in einer Wolke aus Schnee.

»Was ist los?«, fragte Peter.

»Wir haben einen Nuss-Notfall!«, erklärte Blinzlberry. »Es ist im besten Fall schon schwierig genug, sich zu merken, wo die Wintervorräte vergraben sind. Doch bei diesem ganzen Schnee finde ich gar nichts mehr wieder!«

Nusper lachte. »Du kannst welche von meinen Nüssen haben.«

»Und wo sind sie?«, fragte Blinzlberry, die Pfoten in die Hüften gestemmt.

»Ach, das ist leicht!«, behauptete Nusper. »Ein paar sind da drüb…« Er kratzte sich hinter seinen puscheligen Ohren. »Na ja, einige sind ganz sicher hinter … Ah, ja, jetzt verstehe ich, was du meinst.«

»Keine Sorge«, beruhigte Peter sie. »Lasst uns etwas Schnee schippen!«

Seine Freunde und er begannen, den Schnee mit den Pfoten beiseitezuschaufeln, bis sie einen großen Flecken Erde freigelegt hatten.

»Ah!«, rief Nusper. »Die Steine da drüben kommen mir bekannt vor!«

Und er begann wild in der frostigen Erde unter einem Haufen kleiner Kieselsteine zu graben. Ein paar Augenblicke später hüpfte er hoch mit einer großen Haselnuss zwischen den Zähnen.

»Da sind noch jede Menge mehr versteckt!«, lachte Nusper.

»*Ha-tschiii!*« Die Freunde wurden von einem lauten Niesen unterbrochen.

»Ist es der, von dem ich denke, dass er es ist?«, flüsterte Peter.

Beide Eichhörnchen nickten. Flugs versteckten sich die drei Freunde hinter dem umgestürzten Baum, dann spitzelten sie über seine verschneite Krone.

»Keine gute Zeit, sich eine Erkältung einzufangen«, brummelte Herr Schnappeschlau, als er am Rande der Lichtung zu sehen war. »Ich kann gar nichts riechen!«

Peter blickte erschrocken zu Nusper und Blinzlberry.

»Moment mal!«, fauchte der Fuchs. »Wo sind die Spuren?« Seines Geruchssinns beraubt, war er Peters Pfotenabdrücken gefolgt, doch nun waren auch diese verschwunden.

»Dieser Hase muss hier irgendwo sein … *Ha-ha-hatschiii*!« Herr Schnappeschlau nieste erneut.

Peter blickte sich um und suchte verzweifelt nach einer rettenden Idee. Herr Schnappeschlau scharrte schon auf der Erde auf der anderen Seite des Holzstammes.

»Wo hast du dich versteckt, kleiner Hase?«, knurrte der Fuchs ganz leise.

Peter winkte die Eichhörnchen zu sich. »Ich hab eine Idee, aber wir müssen ganz schnell sein!«

»Vielleicht steckst du ja hier!«, schnappte der Fuchs und machte einen großen Satz über den Holzstamm. Aber Peter und die Eichhörnchen waren fort!

»Ah!« Herr Schnappeschlau lächelte, als er die frische Spur von Hasenpfoten im Schnee hinter dem Baum entdeckte.

Langsam folgte der Fuchs Peters Fährte. Sie schlängelte sich um Büsche, führte im Zickzack zwischen Baumstämmen hindurch und um vereiste Pfützen auf dem Boden. Wo war dieser Hase bloß hin?

Herr Schnappeschlau lief schneller. Und dann entdeckte er eine zweite Pfotenspur, die neben der Fährte des Hasen her führte. Große Pfotenabdrücke! Fuchsspuren! Abdrücke von seinen eigenen Pfoten!

Während Nusper und Blinzlberry auf einem Baum in Sicherheit waren, hatte Peter Herrn Schnappeschlau in einem großen, weitläufigen Kreis geführt. Im letzten Moment hatten sie Peter dann nach oben in die Baumkrone gezogen, und nun spähten die drei Freunde nach unten auf den verwirrten Fuchs.

»Verflixtes Karnickel!«, grummelte Herr Schnappeschlau. *»Hatschiii!«*

Schließlich gab der Fuchs seine Suche auf und verschwand von der Lichtung. Mit einem tiefen, erleichterten Aufatmen kletterte Peter vorsichtig wieder nach unten.

»Viel Glück bei der Nusssuche!« Er winkte den Eichhörnchen und hoppelte nach Hause.

Schneetraum aus Rasierschaum

Egal, was draußen für ein Wetter ist, du kannst zu jeder Jahreszeit drinnen deinen eigenen Schnee machen.

Das brauchst du:

* Eine große Packung Backpulver oder Natron
* Eine große Schüssel
* Rasierschaum
* Eine Gabel

1. Schütte etwas Backpulver oder Natron in eine Schüssel.

2. Gib Schritt für Schritt den Rasierschaum hinzu und rühre ihn mit einer Gabel unter das Backpulver.

3. Wenn du ihn zuerst berührst, fühlt der Schnee sich ganz kalt an. Brrr!

4. Viel Vergnügen! Du kannst den Schnee zu Schneebällen formen oder zu Schneehasen.
Warum gestaltest du nicht eine Winterlandschaft mit eigenen Tier- oder Vogelspuren?

Dein selbstgemachter Schnee hält sich in einem luftdichten Behälter für mehrere Tage.

Abenteuer im Winterwald

Ein beißender Wind hatte den Schnee zu hohen Wehen um den Hasenbau aufgetürmt, und Peter musste sich seinen Weg nach draußen graben. Wuschelpuschel war ihrem Bruder dicht auf den Fersen, ganz versessen darauf, draußen im Schnee zu spielen.

»Möchtest du mitkommen zum Eislaufen?«, fragte Peter seine kleine Schwester, doch Wuschelpuschel wollte den Schneehasen fertig bauen, den sie gestern begonnen hatte. Also machte Peter sich allein auf den Weg.

Als er den Teich erreichte, konnte Peter kaum glauben, wie viele Tiere dort waren! Eichhörnchen, Mäuse, Gänse und Enten, alle sausten über die gefrorene Oberfläche. Und da war auch Jeremias Quaddel: Er sammelte an der gegenüberliegenden Uferseite mit einer Spitzhacke Eis für seinen Vorratsraum.

Benjamin winkte Peter von einem Büschel Gräser am Ufer des Teichs aus zu. Er half gerade seinem Papa, ein Paar ramponierte, rostige Schlittschuhe zu schnüren.

»Benjamin meint, ich bräuchte ein neues Paar«, sagte sein Onkel, als Peter herüberhoppelte. »Aber es kommt auf den *Eisläufer* an, nicht auf die Schlittschuhe!«

Und kaum auf den Füßen zog der alte Hase eine perfekte Acht über das Eis.

»Nicht schlecht«, staunte Peter, als Benjamins Vater gekonnt einem Paar Enten auswich. »Auf dem Teich ist aber ganz schön viel los – sollen wir uns ein ruhigeres Plätzchen zum Eislaufen suchen?«

Benjamin nickte zustimmend. Sie winkten seinem Papa zum Abschied, und dann machten die beiden Hasenjungen sich auf den Weg.

Oben im verschneiten Wald hoppelten die beiden Hasenfreunde zwischen stillen Bäumen entlang. Schnee rutschte von den Ästen um sie herum und rieselte leise zu Boden. Doch die Pfützen, die sie im vereisten Schlamm fanden, waren viel zu klein zum Eislaufen. Kein Wunder, dass auf dem großen Teich so viel los war!

»Lass es uns woanders versuchen«, schlug Peter vor.

Sie ließen den Wald hinter sich und machten sich auf den Weg über das weiße Winterfeld. Hier, abseits des Schutzes der Bäume, war es kälter, und die Hasenfreunde mussten die Ohren anlegen, um sie vor der eisigen Brise zu schützen.

»Los komm, lass uns Schlitten fahren!«, rief Peter, als das Feld begann schräg abzufallen in Richtung des Flusses.

Die beiden sahen sich nach etwas um, was sie als Schlitten verwenden konnten. An einem alten Baumstumpf fand Benjamin ein großes Stück abgeblätterter, dicker Baumrinde und zog es heraus.

»Perfekt!«, grinste Peter. Sie hüpften gemeinsam auf ihren Borkenschlitten und rutschten schneller und immer schneller den Hügel hinunter.

WUSCH!

»Ich kann nicht bremsen!«, schrie Benjamin, als der Fluss auf sie zuraste.

»Und ich kann nicht lenken!«, kicherte Peter. Doch der gewitzte Hase setzte einen Fuß raus, so dass der Schlitten gerade noch herumwirbelte und die Freunde in eine große Schneewehe purzelten.

Peter lachte und schnappte nach Luft. »Noch mal!«

»Auf gar keinen Fall!«, sagte Benjamin bestimmt. Er schüttelte den Schnee aus seinem Pelz, dann stapfte er hinunter zum Fluss und starrte in das sprudelnde Wasser.

Der Fluss war nicht vollständig zugefroren, also war es zu gefährlich, dort Schlittschuh zu laufen. Stattdessen zog Benjamin eine Dose mit Haferkeksen aus seinem Rucksack, und die zwei Hasen setzten sich auf ihren Schlitten für einen wohlverdienten Imbiss.

»Lass uns weiter flussaufwärts schauen«, meinte Peter, nachdem sie die Kekse bis zum letzten Krümel verputzt hatten.

Gemeinsam suchten sie sich vorsichtig einen Weg über die glatten Steine am Wasser. Das Flussufer wurde höher und felsiger.

»Unglaublich! Sieh dir das an!«, rief Peter, als er sich auf einen Felsbrocken mit abgeflachter Spitze hochzog.

Er half Benjamin zu sich herauf, und die Hasen blickten auf einen großen freien Teich, rings umgeben von Felsen. Genau gegenüber von ihnen tauchte ein vereister Wasserfall seine langen Frostfinger in das gefrorene Wasser unten im Teich.

»Nun, das ist schon besser!«, freute sich Peter. »Eine geheime Eisbahn nur für uns!«

Er holte für beide ein Paar blanke Schlittschuhe aus seinem Rucksack.

Benjamin lachte. »Warte auf mich!«

Bald schon stapften die Hasenfreunde vorsichtig auf die Eisfläche hinaus. Keiner von ihnen war so ein sicherer Eisläufer wie Benjamins Vater, doch sowie sie sich an ihr neues Schuhwerk gewöhnt hatten, sausten sie auf und ab über ihren eigenen Teich.

»Lass uns den Wasserfall mal genauer ansehen«, schlug Peter vor und führte seinen Cousin hinüber zu den Pfeilern aus Eiszapfen auf der anderen Seite.

»Dahinter ist noch ein Hohlraum«, stieß Benjamin staunend hervor.

Langsam zwängte Peter sich in den Spalt zwischen den Reihen von Eiszapfen und der kalten Felswand.

Benjamin lachte und deutete auf Peters Gesicht hinter dem Eis. »Du bist ganz gefroren!«

»Komm, wir spielen, dass das hier ist eine riesige Eisburg ist und wir furchtlose Eisritter sind!« Peter hob einen abgebrochenen Eiszapfen hoch und schwang ihn wie ein Schwert durch die Luft. Benjamin stieg mit ein, bereit, die Burg an seiner Seite zu verteidigen.

Nachdem sie genug gespielt und jeden Winkel des neugefundenen Teiches erkundet hatten, wurde es langsam Zeit für sie, nach Hause zu gehen. Sie zitterten vor Kälte, und ihr kleiner Keksimbiss schien schon ein ganzes Hasenleben her zu sein. Sie freuten sich beide auf ein reichliches warmes Abendessen.

Benjamin grinste, als sie einen letzten Blick zurückwarfen. »Ich kann's kaum erwarten, allen von diesem Ort zu erzählen!«

»Vielleicht sollten wir das lieber für uns behalten?«, meinte Peter. »Wir wollen es ja nicht zu voll hier oben haben!«

Aber dann dachte er an seine kleinen Hasenschwestern und stellte sich vor, wie sehr Wuschelpuschel sich freuen würde, den gefrorenen Wasserfall zu sehen.

»Nein, Benjamin«, er lächelte, »du hast recht. Dieser Ort ist zu aufregend, um ihn geheim zu halten. Nun komm schon! Wer zuerst zu Hause ist!«

Bunt gewürfelte Eisgirlande

Lass dir von jemand Erwachsenes dabei helfen.

Das brauchst du:

- Ein Glas Wasser
- Lebensmittelfarbe
- Einen Löffel
- Eine Eiswürfelform
- Ein großes Tablett
- Eine dünne Schnur
- Salz

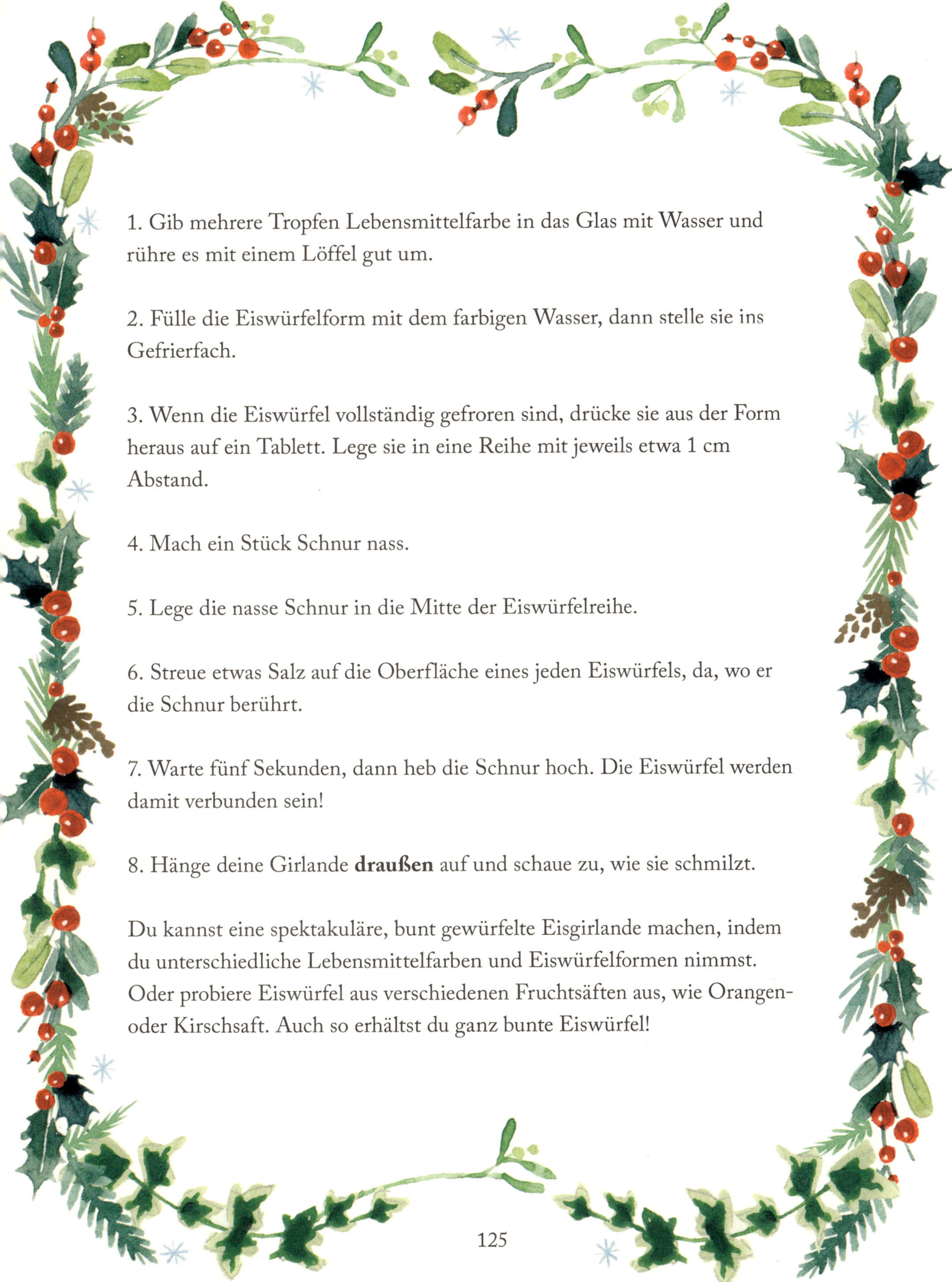

1. Gib mehrere Tropfen Lebensmittelfarbe in das Glas mit Wasser und rühre es mit einem Löffel gut um.

2. Fülle die Eiswürfelform mit dem farbigen Wasser, dann stelle sie ins Gefrierfach.

3. Wenn die Eiswürfel vollständig gefroren sind, drücke sie aus der Form heraus auf ein Tablett. Lege sie in eine Reihe mit jeweils etwa 1 cm Abstand.

4. Mach ein Stück Schnur nass.

5. Lege die nasse Schnur in die Mitte der Eiswürfelreihe.

6. Streue etwas Salz auf die Oberfläche eines jeden Eiswürfels, da, wo er die Schnur berührt.

7. Warte fünf Sekunden, dann heb die Schnur hoch. Die Eiswürfel werden damit verbunden sein!

8. Hänge deine Girlande **draußen** auf und schaue zu, wie sie schmilzt.

Du kannst eine spektakuläre, bunt gewürfelte Eisgirlande machen, indem du unterschiedliche Lebensmittelfarben und Eiswürfelformen nimmst. Oder probiere Eiswürfel aus verschiedenen Fruchtsäften aus, wie Orangen- oder Kirschsaft. Auch so erhältst du ganz bunte Eiswürfel!

Ein Wald voller Lichter

Der Hasenbau schwirrte vor Aufregung und freudiger Erwartung. Flopsi und Mopsi banden einen gestreiften Schal um Peters Hals, während ihre Mama an Wuschelpuschels Hut herumwurschtelte.

»Seid ihr fertig?«, kam ein Ruf vom Eingang des Hasenbaus, und ihr Cousin Benjamin hoppelte herein.

»So gut wie!«, erwiderte Peter.

»'Abend zusammen«, dröhnte Benjamins Vater von der Türöffnung. »Ich hoffe, ihr habt eure Singstimmen gut geölt!«

Mama Hase lachte und *tri-tra-trällerte* eine kleine Tonleiter.

»Habt ihr schon Lichter gesehen?«, fragte Peter seinen Cousin.

»Ja!«, rief Benjamin aufgeregt. »Direkt draußen ist eine Laterne!«

»Können wir schon vorgehen? Bitte?«, bat Peter seine Mama. »Wir treffen euch beim Konzert, am Ende des Lichterpfads.«

»Ja, ist in Ordnung«, sagte seine Mama, während sie Mopsis Mantel zuknöpfte.

Draußen lugte ein halbvoller Mond hinter tintenschwarzen Wolken hervor und verschwand wieder. Der Abendhimmel schien ungewöhnlich dunkel. Doch der Wald glühte in einem neuen, magischen Licht.

Benjamin hoppelte zu einer großen orangen Laterne, die an einem Ast in der Nähe hing, und tanzte unter ihr herum.

»Da ist die nächste!«, rief Peter und zeigte in den Wald auf eine Laterne, die aussah wie eine Blume. »Und dahinter ist eine grüne Glocke!«

»Jeremias Quaddel hat den Weg zu seinem Konzert streng geheim gehalten«, sagte Benjamin. »Was glaubst du, wo wir landen werden?«

»Es gibt nur eine Möglichkeit, das herauszufinden«, sagte Peter, und die beiden Hasenfreunde hoppelten in den Wald, immer auf der Spur der bunten Lichter.

»Pssst!«, zischte Peter und winkte Benjamin, die Hasenohren gespitzt. Ein Stück voraus konnte er Stimmen hören.

»Jemima Pratschel-Watschel«, flüsterte Benjamin.

Die beiden Hasen beeilten sich, zu Jemima und ihren Entenküken aufzuschließen, doch plötzlich rutschte Peter auf einer vereisten Stelle aus.

»Passt auf!«, rief er, als er auf die Enten zuschlitterte.

»Mein lieber Schwan!«, quakte Jemima und dirigierte ihre Küken eilends aus dem Weg. »Lasst es lieber ruhig angehen, Jungs!«

»Wir sehen uns beim Konzert!«, rief Benjamin, als auch er an der Entenfamilie vorbeischlitterte.

Ein Stück weiter den Weg entlang – die beiden Hasen kamen gerade an einer Kette aus Regenbogenlaternen vorbei – hörten sie von oben einen Ruf.

»Hallo, Peter! Hallo, Benjamin!«

Eichhörnchen Nusper und sein Bruder Blinzlberry waren oben in den Ästen und befestigten gerade eine Laterne, die aussah wie ein großer, leuchtender Fisch, an der Spitze eines tiefhängenden Astes.

»Wir machen die hier nur eben fest!«, sagte Nusper mit einem Winken. »Wir holen euch gleich ein!«

Während die Eichhörnchen arbeiteten, schaukelte die Laterne hin und her und warf ihren wässrigen Schein in alle Richtungen. Geisterhafte Schatten huschten über den Weg unten.

»Was ist das?«, fragte Peter, als er mit einem Mal etwas auf dem Boden entdeckte.

Benjamin hoppelte dorthin und fand ein großes, ziemlich mitgenommenes Buch, das halb verdeckt unter einem Stechpalmenbusch lag. Er hob es auf und wischte den Einband sauber. Im Buch waren viele lose Seiten, die mit Musiknoten bedruckt waren.

Peter keuchte auf. »Jeremias Quaddels Notenbuch! Ohne das kann das Konzert nicht stattfinden!«

»Wir beeilen uns besser!«, sagte Benjamin.

»Bis später, Freunde«, riefen die Hasen den Eichhörnchen zu und hoppelten los durch die Bäume zu einem Paar gelber, sternförmiger Laternen, die den Waldrand markierten. Aber die Laternenspur endete hier noch nicht, sondern wand sich geradewegs den Feldweg entlang und durch ein klappriges Tor in den Obstgarten.

Als die Hasenfreunde näher kamen, konnten sie schon hören, wie Musikinstrumente gestimmt wurden. Posaunen und Hörner tuteten und trällerten, und Zimbeln schmetterten zusammen.

In der Mitte des Obstgartens war eine hölzerne Bühne aufgebaut. Eine kleine Gruppe Mäuse und Eichhörnchen befand sich darauf, jedes Tier mit einem Musikinstrument. Doch die Tiere hatten ihr Spiel nun unterbrochen und blickten sich verwirrt um.

»Peter! Benjamin!«, quakte Jeremias Quaddel und hüpfte zu den beiden Hasenjungen. Er hielt sich mit seinen Froschhänden die Ohren zu und verzog besorgt das Gesicht.

»Eine Schreckensnachricht«, klagte er. «Ich habe meine ganze Musik verloren! Das Konzert wird abgesagt! Sagt es allen weiter. So eine Katastrophe!«

»Sehen Sie nur, was wir im Wald gefunden haben!«, sagte Peter, und Benjamin übergab Jeremias Quaddel das Notenbuch. »Sie müssen es auf dem Weg hierher verloren haben.«

»Meine lieben Hasenfreunde!« Die Augen des Froschs leuchteten auf, und er tanzte vor Freude herum und schüttelte Peter und Benjamin die Pfoten. »Das sind großartige Neuigkeiten!«, quakte er. »Das Konzert findet doch statt!«

Der Obstgarten füllte sich langsam mit Tieren, und schließlich kam auch Peters Familie an. Flopsi, Mopsi und Wuschelpuschel hüpften lachend herum, als Benjamins Vater versuchte, ihnen ihre Pudelmützen herunterzuziehen.

Oben auf der Bühne machte Jeremias Quaddel eine tiefe Verbeugung und sorgte mit einem Wink seines Taktstocks für Ruhe. Dann wandte er seiner Musikkapelle das Gesicht zu, und sie begann zu spielen.

Ganz am Ende des Konzerts, nachdem der letzte Ton verklungen war, rief Jeremias Quaddel Peter und Benjamin auf die Bühne, und alle klatschten den beiden Hasen Beifall dafür, dass sie das verlorene Notenbuch gefunden hatten. Die kleinen Hasen wurden ganz verlegen, als sie sich verbeugten, aber sie waren dabei so froh, dass sie ihrem Freund geholfen hatten.

Vorhang auf!

Hereinspaziert, hereinspaziert! Es ist Zeit für deine eigene Bühnenshow!

Du könntest mit einem Lied beginnen oder, falls du ein Musikinstrument spielst, mit einer mitreißenden Eröffnungsmelodie. Lerne ein oder zwei Zaubertricks und verblüffe dein Publikum. Bring die Menge mit ein paar Witzen zum Lachen. Vielleicht zeigst du dein Turn- oder Tanztalent vor. Oder warum nicht ein Stück aufführen?

Wenn du dich entschieden hast, was für eine Aufführung es sein soll, such einen passenden Ort dafür. Du brauchst einen gut beleuchteten Bühnenraum. Zieh ein paar Vorhänge oder Jalousien vor, um den übrigen Raum abzudunkeln. Falls vorhanden, nutze ein überzähliges Laken oder eine Decke als Vorhang vor der Bühne, ehe es losgeht. Ein Backstage-Bereich, wo du dich auf deinen großen Auftritt vorbereiten kannst, ist auch hilfreich, vielleicht hinter einem Sessel oder Sofa.

Vergiss die Kostüme nicht! Such die richtigen Kleider für deinen Auftritt aus, damit sie gut zu der Rolle passen, die du spielst.

Liebes Publikum,
bitte nehmen Sie die Plätze ein.
Die Show geht gleich los!

Peter Hase in der Falle

Wuschelpuschel schnupperte in die Luft in der Hoffnung, einen ersten Hauch Frühling zu erhaschen. Doch es roch nur nach frostigem Winterwald. Denn auch wenn der Schnee geschmolzen und der eisige Wind abgeflaut waren, schliefen die Bienen noch in ihrem Stock, und die Bäume waren kahl. Der Winter würde noch lange dauern.

»Fang auf!«, rief Mopsi und warf einen Tannenzapfen hoch in die Luft.

Die drei Hasenschwestern hatten großen Spaß, doch als Wuschelpuschel dem Tannenzapfen hinterherschaute, bemerkte sie auf einmal etwas anderes.

»Daneben!«, rief Flopsi, als der Tannenzapfen vom Mantel ihrer Schwester abprallte.

»Macht nichts«, sagte Wuschelpuschel. »Schaut, dort!« Und sie zeigte auf einen kleinen braunen Vogel, der auf sie zuflog.

Ganz flattrig landete Rotkehlchen Robin auf Wuschelpuschels ausgestreckter Pfote.

»Kommt schnell mit!«, rief das Rotkehlchen. Flopsi und Mopsi hopsten herbei, um zu hören, was es zu sagen hatte.

»Peter steckt in schrecklichen Schwierigkeiten!«, zwitscherte Robin.

»Wo ist er?«, fragte Mopsi.

»Bei Herrn Gregor«, antwortete das Rotkehlchen. Seine kleine rote Brust pochte aufgeregt.

»Was treibt er denn da?«, fragte Flopsi. »Im Winter gibt es nichts zu essen bei Herrn Gregor.«

»Für euch vielleicht nicht«, erklärte Robin. »Aber sein Garten ist voller leckerer Würmer, die wir Rotkehlchen mögen. Peter hat mir geholfen, welche auszugraben.«

»Ist er noch dort?«, fragte Wuschelpuschel.

»Ja, aber nicht im Garten«, tschilpte das Rotkehlchen besorgt. »Folgt mir!«

Die drei Hasenschwestern ließen ihre Tannenzapfen fallen und flitzten den Weg am Wald entlang, immer dem kleinen Rotkehlchen hinterher, das vor ihnen von Ast zu Ast flog.

Vorsichtig spähten die drei kleinen Hasen schließlich in den Garten von Herrn Gregor.

»Peter!«, rief Wuschelpuschel mit großen Augen und zeigte auf das Haus. Dadrinnen war ihr Bruder und winkte ihnen vom Küchenfenster zu!

»Wie ist er dort reingekommen?«, fragte Flopsi.

»Na ja, nachdem er die Würmer ausgebuddelt hatte«, zirpte Robin, »habe ich ihm von den Sonnenblumenkernen erzählt …«

»Sonnenblumenkerne?«, wiederholte Mopsi.

»Alle Vögel haben im Winter Hunger, und einige picken gerne Körner«, zwitscherte das Rotkehlchen weiter. »Herr Gregor hat ein Vorratsglas mit Sonnenblumenkernen in der Küche …«

»Also ist Peter reingegangen, um die Kerne zu holen?«, fragte Wuschelpuschel.

»Ja!«, piepste das Rotkehlchen nickend. »Die Küchentür war offen, also ist Peter hineingeschlichen. Aber dann ist Herr Gregor ausgegangen und hat die Tür hinter sich abgeschlossen!«

Flopsi und Mopsi sahen einander entsetzt an.

»Wir müssen unseren Bruder retten!«, sagte Wuschelpuschel beherzt.

»Aber wie sollen wir an den Schlüssel gelangen?«, fragte Flopsi.

»Schaut! Peter versucht uns etwas zu sagen«, rief Wuschelpuschel und zeigte auf ihren Hasenbruder, der wie verrückt winkte. »Wir müssen ihm helfen. Kommt schon!«

Immer auf der Hut vor der Katze, schlichen die Häschen auf leisen Pfoten um den Garten und standen bald unter dem Küchenfenster. Mit gespitzten Hasenohren konnten sie Peter so gerade eben durch das Glas hören.

»Ersatzschlüssel!«, schrie er. »Oberstes Regal! Im Schuppen!«

»Peter kennt diesen Garten so gut wie niemand sonst!«, grinste Flopsi, und sie huschten alle zum Schuppen.

»Wenn ich mich auf deinen Rücken stelle, kann ich an den Türgriff kommen«, sagte Wuschelpuschel zu Mopsi.

Also beugte sich Mopsi vor, und mit einem flinken Hops war Wuschelpuschel auf ihren Schultern und drückte die Türklinke. Knarrend schwang die Tür auf. Drinnen fanden die Hasenmädchen Reihe um Reihe Regalbretter.

»Diesmal ist es zu hoch für uns«, rief Flopsi.

»Überlasst das mir!«, piepste Robin und flog zum obersten Regalbrett hinauf. Dort entdeckte das beherzte Rotkehlchen etwas Glänzendes hinter einem aufgerollten Schnurknäuel. Der alte Schlüssel war für Robin zu schwer zu tragen, doch das Rotkehlchen war entschlossen, zu helfen, also stieß es ihn mit dem Schnabel über die Kante des Regalbodens.

»Passt auf da unten«, tschilpte es, und der Schlüssel landete in Wuschelpuschels ausgestreckten Pfoten.

Die drei tapferen Retterinnen und ihr gefiederter Helfer flitzten mit ihrer Beute zurück zur Küchentür. Dieses Mal hüpfte Flopsi auf Mopsis Rücken, um ans Schloss zu gelangen, und dann kletterte Wuschelpuschel auf sie beide hinauf!

»Haltet still!«, rief Wuschelpuschel, als ihre Schwestern anfingen zu wackeln.

KLICK! Der Schlüssel drehte sich, und endlich war Peter frei!

»Gute Arbeit!«, rief ihr Bruder, als er flink in die frische Luft hinaussprang und dabei seine drei Hasenschwestern zu Boden purzeln ließ! Er streckte die Pfoten aus und half ihnen auf die Füße.

»Du hast eine komische Art, dich zu bedanken«, meinte Flopsi und rieb sich die langen Ohren.

»Ups, 'tschuldigung!«, sagte Peter und umarmte jede von ihnen. »Danke euch!« Dann fiel ihm etwas ein, und er hoppelte noch mal zurück nach drinnen.

»Peter!«, rief Wuschelpuschel erschrocken, aber ihr Hasenbruder kehrte einen Augenblick später wieder zurück, ein Glas voller Sonnenblumenkernen in den Pfoten.

»Die konnte ich doch nicht hierlassen!« Grinsend öffnete er den Deckel und verstreute die Kerne auf dem Pfad.

Sie sahen zu, wie sogleich ein ganzer Schwarm von Blaumeisen und Amseln mit viel Gezwitscher und Geflatter herbeiflog. Nach dem langen, kalten Winter, in dem es wenig Futter zu finden gab, waren die Vögel völlig ausgehungert. Im Nu war der Pfad wie leergefegt und nicht ein Körnchen mehr zu sehen. Auch Peters Magen knurrte lautstark; es war ein langer Morgen gewesen.

»Ich glaube, wir sollten nun nach Hause gehen für *unser* Mittagessen«, sagte Wuschelpuschel lachend. »Und ehe die Katze von Herrn Gregor noch vorbeikommt, um hier nach dem Rechten zu sehen!«

Futterspender für kleine Federfreunde

Lass dir von jemand Erwachsenes dabei helfen.

Das brauchst du:

- Eine leere Toilettenpapierrolle
- Einen Stift
- Eine Schnur
- Pflanzenfett oder Schmalz
- Vogelfutter
- Ein paar Zweige

1. Stich mit der Spitze des Stifts zwei Löcher in das eine Ende der Toilettenpapierrolle.

2. Fädele ein kleines Stück Schnur durch die Löcher und binde es jeweils mit einem Knoten (auf der Innenseite der Rolle) fest.

3. Bestreiche die Rolle – am besten zusammen mit einer erwachsenen Person – mit Pflanzenfett oder Schmalz.

4. Dann bedecke die Rolle mit Vogelfutter, bis nichts mehr von dem Fett zu sehen ist.

5. Stoße ein paar Zweige durch deine Futterröhre, dann können sie als Stangen für vorbeikommende Vögel dienen. Es kann ein paar Tage dauern, bis die Vögel sich an die neue Futterröhre gewöhnt haben und anfangen, sie regelmäßig aufzusuchen.

6. Hänge deinen selbstgemachten Futterspender auf und schreibe dir auf, was für Vögel zu Besuch kommen.

Silvester im Hasenbau

»Seht mal!« Peter hob eine Karte von der Fußmatte auf. «Eine Postkarte von unseren schottischen Verwandten. Sie wünschen uns ein frohes neues Jahr!«

»Ich wusste gar nicht, dass wir da Verwandte haben«, sagte Wuschelpuschel mit großen Augen.

Ihre Mama lachte. »Wir haben überall Verwandte.«

»Warst du schon mal in Schottland?«, fragte Peter seine Mama.

»Nein«, antwortete sie, »aber ich weiß, dass die Hasen dort liebend gern Silvester feiern. Und sie glauben, die erste Person, die nach Mitternacht den Bau betritt, bringt Glück.«

»Dann bin ich mal gespannt, wer uns im neuen Jahr als Erstes besucht!«, sagte Flopsi.

«Jedenfalls nicht Frau Tiggy-Wiggel«, grinste Peter, »die schläft tief und fest!«

»Es werden schon vor Mitternacht Gäste hier sein«, sagte seine Mama. »Benjamin und sein Papa kommen zum Silvesteressen herüber.«

Die Hasenkinder waren alle ganz aufgeregt deswegen, denn sie durften lange aufbleiben und in das neue Jahr hineinfeiern. Doch bevor der Spaß losgehen konnte, hatten sie zusammen mit ihrer Mama noch allerhand vorzubereiten.

Also hackten Peter und Wuschelpuschel nachmittags Zwiebeln, Karotten und Bohnen klein für eine herzhafte Suppe. Unterdessen halfen Flopsi und Mopsi ihrer Mama, einen köstlichen Obstkuchen zu backen. Als die Sonne gerade zum letzten Mal in diesem Jahr unterging, klopfte es am Eingang zum Hasenbau, und Benjamin sprang herein.

»Frohes neues Jahr!«, rief er.

Mama Hase lachte. »Noch nicht ganz!«

»Wir kommen hoffentlich nicht zu früh?«, sagte Benjamins Papa, als er sich unter der Türöffnung durchduckte. »Benjamin konnte es nicht mehr abwarten!«

»Keineswegs«, sagte Mama Hase lächelnd. »Fühlt euch wie zu Hause.«

Und eine Weile später gab es Abendessen.

»Sehr lecker!«, strahlte Benjamins Papa und wischte sich den Mund mit einer Serviette ab.

»Wer hat noch Platz für Kuchen?«, fragten Flopsi und Mopsi gemeinsam.

»Ich!« Benjamin hob die Pfote.

Nachdem die Hasen sich pappsatt gefuttert und ihre klebrigen Schnurrhaare gereinigt hatten, sprang Wuschelpuschel auf.

»Lasst uns etwas spielen!«, schlug sie vor. »Wer bin ich?« Und das kleine Häschen begann mit gequälter Miene im Zimmer herumzuhüpfen.

»Herr Quappe, der Kröterich?«, schlug Benjamin vor.

»Benjamin, der für die Sommerspiele übt«, riet Peter feixend.

Wuschelpuschel lachte. »Nein! Das war Herr Schnappeschlau, nachdem er in einen Brombeerbusch gefallen ist!«

Nach mehreren Runden Ratespiel war es Zeit für etwas Musik. Mama Hase stimmte ein fröhliches Tanzlied auf der Geige an, während Wuschelpuschel und Mopsi dazu um den Tisch hüpften. Nachdem sie viel gesungen und getanzt hatten, waren alle Hasen außer Puste und brauchten eine Pause.

»Setzen wir uns ans Feuer«, sagte Mama Hase.

Als die Flammen im Kamin züngelten und Schatten durch den Hasenbau flackerten, räusperte sich Benjamins Vater. »Wer möchte eine Geschichte hören?«

»Au ja!«, rief Peter.

Also erzählte sein Onkel ihnen Geschichten von seinen Abenteuern als junger Hase: wie er einst einer Vogelscheuche die Kleidungsstücke von Herrn Gregors Wäscheleine angezogen hatte und wie er den Vater von Dagobert Dachs überlistet hatte, sich in einem Fass zu verstecken, ehe er ihn dann einen Hügel hinunterrollte.

Mama Hase warf vor dem Ende ein, wie sie dann Prahlhas Kanin vor Dagobert Dachs' wütendem Vater hatte retten müssen.

Benjamins Papa lächelte verschmitzt. »Hättest du dir da nicht blitzschnell etwas einfallen lassen, säße ich heute nicht hier, Schwesterherz!«

Es war mittlerweile längst nach elf. Die kleinen Hasen waren zum Umfallen müde, doch sie waren alle fest entschlossen, bis Mitternacht wach zu bleiben.

»Weißt du noch, wie wir dachten, dass es in unserem Wald spukt?«, fragte Mama Hase mit einem Lächeln.

»O ja!«, erwiderte Benjamins Papa. »Erzähl ihnen davon!«

»Jede Nacht«, begann Mama Hase, »hörten wir ein seltsames Ächzen und Krächzen aus dem Wald. Die Eichhörnchen taten kein Auge mehr zu!«

Die Hasenkinder lehnten sich vor, als ihre Mama die Stimme fast zu einem Flüstern senkte. »Also schlichen mein Bruder und ich eines Nachts in den Wald, wild entschlossen, das Geheimnis zu lüften. Vor uns erblickten wir einen dunklen Schatten, der maunzte und raunzte. Als wir näher kamen, stieß er plötzlich einen schrecklichen Schrei aus …«

Ding, dong! Ding, dong!

Die Uhr im Hasenbau schlug Mitternacht, und im selben Moment pochte es laut an der Eingangstür. Die Hasen machten allesamt einen Satz vor Schreck!

»Das Gespenst!«, quiekten Flopsi und Mopsi.

»Macht euch nicht verrückt!«, lachte ihre Mama. »Ich sehe nach.«

»Huch!«, staunte sie, als sie nach draußen schaute, dann grinste sie. »Du meine Güte! Es ist das Gespenst!«

»Moin!«, rief Jeremias Quaddel und hüpfte ins Zimmer.

»Wir haben den Kindern gerade von unserem verwunschenen Wald erzählt!«, lächelte Mama Hase. »Erinnerst du dich?«

»O ja!«, lachte der Frosch. »Eure Mama und ihr Bruder dachten, ich wäre ein Gespenst! Da war ich noch jung, und ich wollte meine Familie zu Hause nicht aufwecken, also musste ich meinen Gesang heimlich nachts im Wald üben!«

»Eher unheimlich«, kicherte Benjamins Vater, und alle lachten. »Es klang wie –«

»Ja, ja«, quatschte Jeremias Quaddel dazwischen. »Darum habe ich das mit dem Singen auch gelassen und lieber angefangen zu dirigieren.« Er fuchtelte mit seiner Froschhand durch die Luft.

»Nun, als unser erster Besuch im neuen Jahr bringen Sie uns hoffentlich ganz viel Glück!«, meinte Peter lächelnd.

»Davon weiß ich nichts«, erwiderte der Frosch, »aber ich habe eine Flasche mit einem spezial sprudelspritzigen Holunderbeersaft als Neujahrsgeschenk dabei. Möchte jemand ein Schlückchen?«

Und so feierte Jeremias Quaddel gemeinsam mit den Hasen ins neue Jahr hinein. Es begann mit viel Gelächter und Umarmungen, als Peter Hase rief, so laut er nur konnte:

»FROHES NEUES JAHR!«

Geschichtenspaß für Groß und Klein – Fortsetzung folgt …

Hier bei diesem tollen Spiel könnt ihr ausprobieren, gemeinsam Geschichten zu erzählen.

Versammle deine Familie oder deine Freunde und Freundinnen in einer Runde, und eine Person fängt an. Sie bekommt einen Stift in die Hand, während sie anfängt, eine Geschichte zu erzählen. Wenn sie aufhört, bestimmt sie, wer die Geschichte fortführt, und gibt den Stift weiter. Nur wer den Stift in der Hand hat, darf erzählen, alle anderen hören zu.

Unterbrecht die Geschichte und gebt den Stift am besten an einer spannenden Stelle weiter. Wie wird die nächste Person dann fortfahren? Jede Person sollte mindestens zweimal mit dem Stift dran gewesen sein, ehe ihr zum Ende kommt.

Ihr könnt das Spiel auch schriftlich machen, mit einer zusätzlichen Überraschung. Schreibt abwechselnd ein paar Sätze einer Geschichte auf ein Blatt Papier. Faltet das Blatt dann so zusammen, dass nur die jeweils letzte Zeile zu sehen ist, wenn es die nächste Person bekommt. Am Ende faltet den Zettel auseinander und lest die ganze Geschichte laut vor.

Natürlich kann es auch riesig Spaß machen, für sich allein Geschichten zu schreiben. Wie immer du es machst, denk an Beatrix Potter und bleib dabei, neue Geschichten und Abenteuer zu erfinden!

Beatrix Potter war eine meisterhafte Geschichtenerzählerin.
Ihre Geschichten sprühen über vor den Ideen,
die sie in den Hügeln, Feldern und Wäldern rund um ihr Zuhause
im englischen Lake District fand.